上头 Obsidian

手把手教你用AI做好知识管理

Shiki实验室　著

电子工业出版社
Publishing House of Electronics Industry
北京·BEIJING

图书在版编目（CIP）数据

上头Obsidian：手把手教你用AI做好知识管理 /
Shiki实验室著. -- 北京：电子工业出版社，2025. 9.（2025.10 重印）
ISBN 978-7-121-51068-7

Ⅰ．G302-39

中国国家版本馆CIP数据核字第2025GT5821号

责任编辑：滕亚帆
文字编辑：刘　舫
印　　刷：三河市华成印务有限公司
装　　订：三河市华成印务有限公司
出版发行：电子工业出版社
　　　　　北京市海淀区万寿路173信箱　　　　邮编：100036
开　　本：720×1000　　1/16　　印张：16.25　　字数：286千字
版　　次：2025年9月第1版
印　　次：2025年10月第2次印刷
定　　价：89.80元

凡所购买电子工业出版社图书有缺损问题，请向购买书店调换。若书店售缺，请与本社
发行部联系，联系及邮购电话：（010）88254888，88258888。
质量投诉请发邮件至zlts@phei.com.cn，盗版侵权举报请发邮件至dbqq@phei.com.cn。
本书咨询联系方式：faq@phei.com.cn。

序章

AI 时代，为什么需要新的笔记软件和工作流

在 AI 时代，信息已经不是稀缺品，而是泛滥品。

只要轻轻单击一下"生成"按钮，就能用 AI 工具写出一篇论文、一篇小说，甚至几百条视频脚本，知识的产出速度远远超越了人类大脑的处理速度。

从前，人们为了"怎样获取有价值的知识"而焦虑；而今天，最大的焦虑是：在这些扑面而来的信息里，哪些是值得我保存、我能用来表达、我能用来独立思考的素材。

这就是为什么我们需要一个知识库，更需要一个能让知识流动起来的工作流。

知识库是什么？它就像家里的收纳柜，是用来存放知识的地方。书、笔记、灵感、摘录、资料、想法，统统都应该有自己的位置，有序存放、随取随用。没有知识库，你的知识就像便利贴塞在抽屉里、草稿纸散落在桌上、折角页夹在书里——看似都在，但要用的时候永远找不到。

工作流是什么？它是一套明确的操作步骤，告诉你什么时候该把东西放进柜子、什么时候该拿出来加工、什么时候该用它们创造新东西。光有收纳柜而不整理，只会越塞越乱，最后会连柜门都关不上。

知识库解决的是"存在哪里"的问题，工作流解决的是"怎么用"的问题。

很多人用笔记软件，就是一股脑儿地把信息往软件里丢，结果几年下来，笔记里全是孤岛信息。表面上有成百上千个笔记，但没有合理有序地被关联、被整理、被复用。这时，不是因为你存储的知识太少，而是因为你缺少一套驱动它们流动起来的工作流。

所以你需要的，不仅是一个收纳空间，还有一整套让信息流动、让思考生成、让产出稳定的系统。

我自己在搭建知识库和工作流的过程中，也踩过无数的"坑"。

最早，用 Word、记事本就能记录一切。但随着信息数量的增多，它们记录麻烦、难以管理、搜索难的缺点暴露无遗。想要保存新信息，必须先新建一个文档，编辑好才能存储，可灵感说来就来，稍纵即逝，可能在新建文档这一步就已经飘走了。好不容易记录下来的东西，又很难被搜索出来。在我的电脑中，总有一些被永远尘封的 Word 文档。

为了解决这些问题，我开始尝试第二代笔记软件。这些软件增加了网页剪藏、文件夹管理、加标签和搜索等功能。网页剪藏功能的出现，让我可以更方便地采集网络上的各种内容，单击一下按钮，信息和知识就被存储到了笔记软件中。但随着信息持续增多，我的一个笔记软件里拥有了几百个标签、数十个类似的文件夹，如果尝试用关键词搜索，轻易就能搜索出上百个笔记。

三年前，我一边上班，一边经营着自己的自媒体账号。白天在高校中处理行政事务，晚上准备素材、选题、脚本。光是整理素材就能让我的脑袋炸掉，心里常闪动着一个念头：我需要一个能帮我"厘清思路"的工具，而不是又多出一个堆积信息的地方。

幸运的是，在这时，我遇到了第三代笔记工具——Obsidian。

Obsidian 的特别之处，不只是双链、搜索、插件这些技术特性，而是它带来的方法论的转变。它不是一个简单的记事本，而是一个能帮我完成"输入→关联→表达"

三步闭环的系统。换句话说，Obsidian 不是用来存东西的，而是用来盘活知识、产生新内容的。

在 Obsidian 提出双链功能之后，现在几乎所有的笔记软件都能对笔记进行关联。但和其他笔记软件相比，Obsidian 在以下方面有明显的优势。

- 完全本地存储：在 Obsidian 中记录的笔记完全存储在本地，数据安全不受任何外部干扰，也不依赖互联网连接。无论何时何地，都可以随时访问和编辑自己的知识库。

- 跨平台操作：Obsidian 支持 Windows、macOS 和 Linux 等多种操作系统，可以在多个设备上同步使用，极大地方便了跨设备的工作需求。

- 可以离线操作：即使没有网络连接，依然可以在 Obsidian 中进行完整的笔记记录和编辑。

- 灵活添加笔记之间的链接：双链功能是 Obsidian 的核心优势，它能轻松地将不同的笔记、知识点相互连接，形成网状结构，便于后续的思考与引用。

- 开放性生态：有强大的插件系统，可以根据自己的需求安装各种插件，从而实现个性化的功能拓展，满足各种复杂的工作流配置需求。

- 能与各种 AI 插件搭配使用：Obsidian 的插件市场中有非常多的 AI 插件，能够直接处理笔记。我们还能把这些笔记投喂给其他 AI 模型，从而搭建起自己的知识库。

正是在 Obsidian 的帮助下，我才能够在上班的同时，随手收集知识素材，经过自己消化加工，学会新技能，并且把学习成果做成一个个视频、写成一篇篇公众号文章，在表达自己的同时，惠及全网累计超过 20 万名粉丝，真正开始了人生的第二曲线。

但就算用最先进的软件，如果没有一套"处理信息的流程"，笔记永远都是孤岛，堆得再多也只是信息垃圾场。所以这本书要教给你的，不仅是怎么使用 Obsidian，还有背后的一整套处理逻辑。

在这本书的第一章、第二章中，我会带你详细认识 Obsidian 这款软件。从最基础的安装开始，包括如何下载、如何配置，直到让它能运行起来。接着我们会进入插件的世界——你会学到哪些插件值得用、这些插件分别能解决哪些"痛点"问题，尤其是当我们进行 AI 配置和引入 DeepSeek 这样的工具后，Obsidian 不再只是一个单纯的笔记软件，而是一套可以"主动帮你整理、总结、提炼"的知识系统。

在第三章中，我会给出实战案例，告诉你 Obsidian +AI 能做些什么，包括如何用它们来写日记（不仅是情绪记录，还是结构化思考），如何做读书笔记（不仅是摘抄，还能提炼观点、形成总结），如何进行知识收集（包括网页、论文、视频、播客等多种来源）。AI 工具在这些场景中能帮我们省下多少时间？它到底是一个写作工具，还是一个真正能帮你思考的伙伴？对于这些问题，我都会结合实际案例，一步步带你操作、验证。

工具再强大，如果没有用对方向，也是空谈，所以第四章的重点是：教你搭建自己的知识库。我会用我个人在实践中打磨出来的 GAP 三层笔记法，拆解出知识管理的三大板块：碎片采集（碎片化笔记怎么收集、怎么存储），主题归类（零散内容怎么归拢到主题、怎么找到关联），表达产出（怎么让笔记变成真正的作品）。这部分的目的是，让你了解"笔记如何存放、如何流动"，帮你把那些看似杂乱的记录，真正变成能服务于你的知识。

如果说知识库是你的储藏室，那么工作流就是你走进储藏室之后的操作指南。在第五章我会教你如何一步步构建专属于自己的知识管理工作流：哪些动作该在哪一步做？每一步需要什么模板？怎样使用模板帮助你降低操作成本？我会把工作流拆分为一整套小动作，并且配上实用模板和案例，让你照着做就能让 Obsidian 一点一点启动并跑起来，最终搭建出属于你自己的系统。

在 AI 的帮助下，每个人都能轻松写出一篇中规中矩的文章、做一份像模像样的汇报、生成一张看似精致的图表。AI 已经把所有人的"知识下限"拉平了——只要你会用工具，人人都能触达"及格线"。

那么，真正能拉开人与人之间差距的是什么呢？不是谁知道更多的表面知识，而是谁能持续积累独立的见解、创造独特的内容、形成属于自己的知识网络。换句话说，你需要有自己的视角、自己的洞察、自己的表达，这些是 AI 帮不了你的地方。

"你的大脑是用来思考创意的，不是用来存储任务的。"

没错，从原始社会到今天，我们的大脑并没有太多进化，最擅长的依然是思考与创造，而不是记忆、存储、检索。尤其在这个信息量呈指数级增长的 AI 时代，如果你想保持高质量的思考、搭建独特的知识框架，那就必须用更先进的工具、更智慧的工作流，来接管那些琐碎、重复、低效的工作。

知识库，就是为了减轻你的大脑负担，帮你存放一切可能有用的内容，让它们不再靠大脑硬记。工作流，就是为了让这些内容流动起来，自动帮你分拣、梳理、沉淀出你真正需要的洞察。

当你搭建好这套系统后，才能让大脑腾出空间，专注在最擅长、最有价值的事情上——创造属于你的独特认知和产出，让你在 AI 时代，成为那个真正和别人不一样的人。

我写作这本书，就是想把我的实践经验全盘托出，希望能帮你搭建好属于自己的知识系统，真正实现信息井然有序、思维自由飞翔。

那么，赶快跟上我的脚步，一起上手 Obsidian，打造属于你的知识库和工作流吧！

读者服务

微信扫码回复：51068

- 获取本书配套资源
- 加入本书读者交流群，与作者互动
- 获取【百场业界大咖直播合集】（持续更新），仅需 1 元

目录

第一章　Obsidian 速成：快速掌握基础功能　　|　001

第一节　安装配置入门，开启你的 Obsidian　　/　003

1. 软件下载　/　003

2. 安装和设置　　/　004

3. 常见问题　/　007

本节总结　/　009

第二节　同步方案解析，打造多设备无缝体验　　/　009

1. 官方同步方案　/　010

2. 全套苹果设备免费同步　　/　011

3. 安卓和 Windows/macOS 同步　　/　013

4. 常见问题　/　021

本节总结　/　022

第三节　界面与基础设置，以及两个必会功能　　/　022

1. 软件页面介绍：主页面的布局，可以灵活调整　　/　022

2. 基础设置　/　027

3. 绝招 1：控制面板的使用方法　　/　029

4. 绝招 2：自由设置快捷键　　/　031

5. 常见问题　/　033

本节总结　/　033

第四节　Markdown 入门指南，轻松写笔记　/　033

1. Obsidian 的笔记语言和普通笔记软件的有什么不同　/　034

2. 常见的 Markdown 语法　/　035

3. 用 Markdown 语法记笔记的便利之处　/　037

4. 常见问题　/　038

本节总结　/　041

第五节　标签整理术，内容更加有条理　/　042

1. 创建标签　/　042

2. 搜索标签　/　043

3. 一次性查找出标签下的所有笔记的内容　/　044

4. 使用标签有什么缺点　/　045

本节总结　/　046

第六节　笔记双链技巧，构建知识互联网络　/　046

1. 链接笔记　/　046

2. 链接段落　/　047

3. 链接块　/　049

4. 双链必备设置　/　050

5. 怎么查看链接了多少笔记　/　050

本节总结　/　052

第七节　嵌入多媒体，插入图片、视频及 PDF 文件　/　052

1. 和其他笔记软件的区别　/　052

2. 设置附件文件夹　/　053

3. 如何插入图片　/　054

4. 如何插入视频　/　056

5. 如何插入 PDF 文件　/　059

6. 常见问题　/　060

本节总结　/　061

第八节　导出及备份技巧，保护你的知识资产　/ 062

　　1. 如何导出单个笔记　/ 062

　　2. 如何导出整个仓库　/ 064

　　3. 如何免费备份笔记　/ 064

　　本节总结　/ 067

第章总结　入门八步，搭建第一个知识库　/ 067

　　延伸学习　/ 067

第二章　Obsidian 进化：用插件和 AI 解锁潜能　/ 068

第一节　Obsidian Web Clipper，网页内容一键剪藏　/ 070

　　1. 下载和安装　/ 070

　　2. 如何剪藏　/ 073

　　3. 自定义设置　/ 076

　　4. 如何存储小红书和公众号资源　/ 083

　　本节总结　/ 083

第二节　第三方插件指南，无限扩展功能　/ 084

　　1. 如何选择插件　/ 084

　　2. 如何安装插件　/ 085

　　3. 如何查看、卸载插件　/ 088

　　4. 常见问题　/ 091

　　本节总结　/ 092

第三节　Dataview 插件入门，智能汇总笔记内容　/ 092

　　1. Dataview 能实现什么神操作　/ 093

　　2. 如何使用 Dataview　/ 095

　　3. 生成年度读书笔记汇总表　/ 101

　　4. 列出带有某个标签的所有笔记　/ 103

　　5. 如何汇总整个仓库中的所有待办事项　/ 104

　　6. 如何在日历中显示笔记　/ 105

　　　　7. 如何提取当天创建的所有笔记　　/　106

　　　　本节总结　　/　107

　　第四节　Templater 模板插件，标准化你的笔记流程　　/　108

　　　　1. 如何创建模板　　/　109

　　　　2. 如何使用模板　　/　111

　　　　3. Templater 的高级用法　　/　113

　　　　本节总结　　/　114

　　第五节　AI 插件推荐，赋能笔记的智能化处理　　/　114

　　　　1. AI 工具接入准备　　/　115

　　　　2. AI 插件推荐　　/　119

　　　　3. 如何链接插件　　/　121

　　　　4. 如何使用插件　　/　127

　　　　本节总结　　/　130

　　本章总结　插件与 AI 结合，打造超级笔记工具　　/　130

第三章　Obsidian+AI 实战：生活工作全面提效　　/　132

　　第一节　日记复盘 +AI，智能汇总更高效　　/　134

　　　　1. 怎么用 Obsidian 写日记　　/　135

　　　　2. AI 提示词设置　　/　138

　　　　3. 如何使用 AI 工具做复盘　　/　140

　　　　4. 如何做月复盘、年复盘　　/　143

　　　　本节总结：行程日记闭环，AI 工具加持的复盘系统　　/　144

　　第二节　读书笔记 +AI，看过的书不再忘　　/　144

　　　　1. 如何导入读书摘要和笔记　　/　145

　　　　2. 准备读书总结提示词　　/　147

　　　　3. 如何让摘录直接变成笔记　　/　149

　　　　4. 用 Douban 插件抓取图书基本信息　　/　152

5. 汇总所有读书笔记　/ 155

本节总结　/ 156

第三节　知识收集 +AI，碎片信息变精华　/ 157

1. 配置好收集工具 Obsidian Web Clipper　/ 158

2. AI 工具智能剪藏步骤　/ 163

3. 用 AI 工具把碎片信息关联起来　/ 164

本节总结　/ 166

本章总结　人机协作，释放超强产能　/ 167

第四章　搭建知识库：GAP 三层笔记法打造产出引擎　/ 168

第一节　常见误区分析，不再选择焦虑　/ 170

1. 工具选择焦虑　/ 170

2. 缺乏输出需求　/ 172

3. 盲目收集信息　/ 173

4. 信息整理混乱　/ 175

5. 完美主义拖延　/ 177

本节总结　/ 178

第二节　AI 时代的知识库，到底是什么样的　/ 179

1. 采集—归类—表达，在一个知识库中完成　/ 179

2. 知识能自由导入导出，解锁多 AI 工具协作　/ 180

3. 知识库存储的内容，要方便 AI 工具读取　/ 181

4. 能让 AI 工具直接接入知识库　/ 182

5. 知识库直连发布平台，实现真正的自我表达　/ 182

本节总结　/ 183

第三节　知识库搭建逻辑——GAP 三层笔记法　/ 184

1. 知识库顺利运转的实质　/ 184

2. 什么是 GAP 三层笔记法　/ 186

3. 解决了传统笔记法的一些问题　/ 188

4. GAP 三层笔记法的使用案例   / 189

5. 用 GAP 搭建自己的体系   / 194

6. 常见问题   / 195

本节总结   / 197

本章总结   打造高效知识库，迈向持续产出   / 197

第五章   打造工作流：让知识库飞速运转   / 198

第一节   卢曼启发，为什么需要工作流   / 200

1. 工作流有什么用   / 200

2. 我的失败尝试   / 202

3. 工作流需具备的两个必要条件   / 202

本节总结   / 204

第二节   采集工作流，任务驱动高效收集   / 204

1. 先有任务、问题和表达欲望，再收集   / 206

2. 在哪里看资源和写记录   / 208

3. 配置好工具和模板，再进行收集   / 209

4. 小技巧：让你的采集更轻松高效   / 214

本节总结   / 218

第三节   整理工作流，碎片整理有条不紊   / 219

1. 定期整理未处理的笔记   / 220

2. 进行笔记关联   / 221

3. 整理归类笔记   / 225

4. 小技巧：让归类更高效的两个方法   / 225

本节总结   / 228

第四节   产出工作流，快速完成写作与输出   / 228

1. 准备好表达欲，创建表达笔记   / 230

2. 完成表达   / 231

3. 整理笔记   / 234

4. 公开表达　/　236

5. 小技巧　/　236

本节总结　/　237

第五节　工作流可视化，用白板看清整个知识地图　/　237

1. 给所有笔记标记好状态　/　238

2. 新建目录笔记，并配置好 Dataview 插件　/　238

3. 安装好 Canvas 插件，将笔记列表放上去　/　240

4. 更多用法延伸　/　242

5. 常见问题　/　243

本节总结　/　243

本章总结　完善操作流，让知识真正流动起来　/　244

后记　AI 时代，我们到底应该积累什么知识　/　245

第一章

Obsidian 速成：
快速掌握基础功能

第一节　安装配置入门，开启你的 Obsidian

第二节　同步方案解析，打造多设备无缝体验

第三节　界面与基础设置，以及两个必会功能

第四节　Markdown 入门指南，轻松写笔记

第五节　标签整理术，内容更加有条理

第六节　笔记双链技巧，构建知识互联网络

第七节　嵌入多媒体，插入图片、视频及 PDF 文件

第八节　导出备份技巧，保护你的知识资产

本章总结　入门八步，搭建第一个知识库

　　欢迎你来到第一章。在这一章中，我们将进入 Obsidian 的世界，你将学到如何从零开始下载、安装并配置 Obsidian。此外，我们还将介绍如何通过 Markdown 语法高效记录笔记、如何使用标签和双链功能让笔记更有条理并相互关联。通过使用这些基本技巧，你不仅能提升个人笔记的组织性，还能利用 Obsidian 为自己搭建一个清晰且高效的知识库。

　　看完这一章，你就可以用 Obsidian 开始记录笔记了。

第一节 安装配置入门，开启你的 Obsidian

我们就从下载和安装 Obsidian 开始说起吧！

Obsidian 这款软件的包容性非常强，你能说出的平台它都能支持，在手机、平板电脑、桌面电脑、苹果生态、安卓生态上都能用。在这一节里我们先把软件安装上，再把语言调整成简体中文，这样就可以把它当作一个普通笔记软件使用起来了。

1. 软件下载

软件本身可以在官网下载，进入网站之后找到 Download 链接，根据自己的系统，选择不同的下载方式，见图 1.1.1。

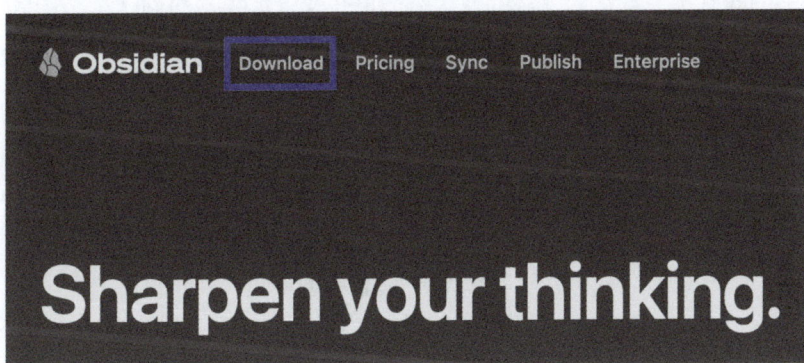

图 1.1.1

在手机和平板电脑方面，iPhone 和 iPad 直接到 App Store 就能找到该软件，见图 1.1.2。

图 1.1.2

对于安卓手机，到常用的软件市场也能下载到该软件。

唯一的问题是，从官网下载的速度可能比较慢，如果你遇到了这个问题，可以关注我的公众号"Shiki 实验室"，并扫码查看这篇文章，文章中介绍了下载方式和方法。

2. 安装和设置

下载好 Obsidian 之后，我们按照正常流程安装，就会看到软件的全英文初始页面。别害怕，单击 English，就能将语言调整为简体中文，页面一下子就变亲切不少，见图 1.1.3。

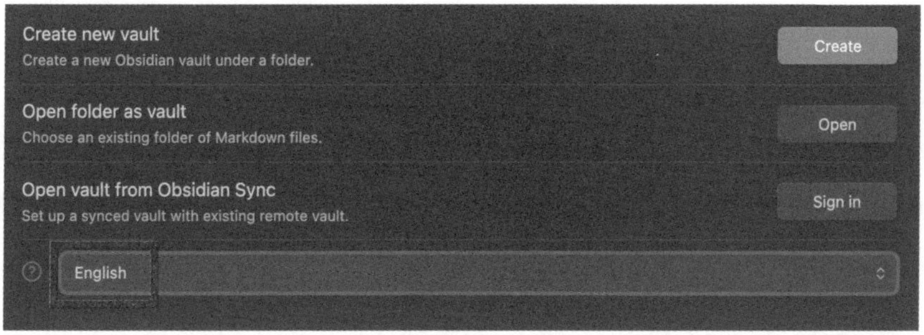

图 1.1.3

之后需要选择是创建一个仓库，还是打开一个本地仓库。

如果你是第一次使用 Obsidian，选择"新建仓库"，单击"创建"按钮，见图 1.1.4。如果你之前已经用过这个软件，那么就选择"打开本地仓库"。

图 1.1.4

如果是创建仓库，需要录入仓库的名称，然后设置把这个仓库放在哪里，见图 1.1.5。

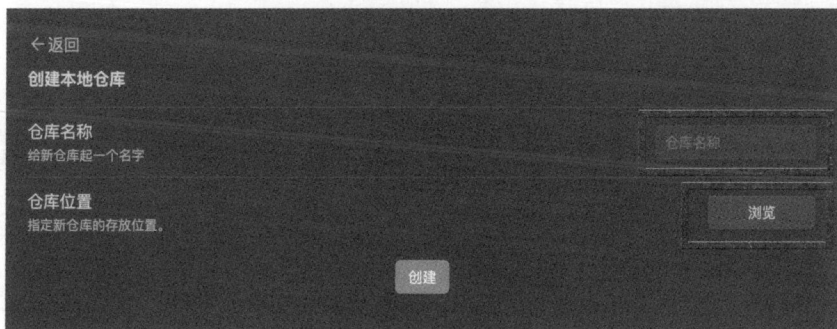

图 1.1.5

如果你没有同步的需求,那么放在电脑中的任意位置都可以,但如果需要各个设备协同,那么就必须把这个仓库创建在云盘上。

常见的云盘有 OneDrive、iCloud,还有各种 NAS 设备。具体的同步问题我们在下一节进行详细梳理,可以看完第二节的内容之后,再来选择把仓库放在哪里,现在我们随便选择一个本地的位置。

选择好想要存放的位置之后,单击"打开"按钮,见图 1.1.6。

图 1.1.6

接着就会回到 Obsidian 中,"仓库位置"这里就会出现刚才选择的仓库存储路径。

确认无误之后,单击"创建"按钮,见图 1.1.7。

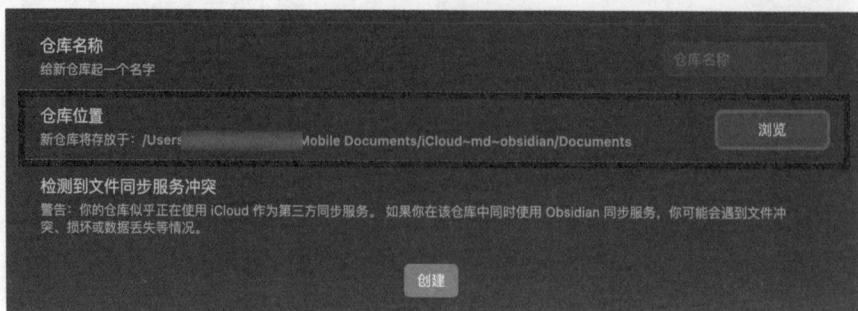

图 1.1.7

这样我们的仓库就设置完成了，接着就能进入欢迎页面开始写笔记了，见图1.1.8。

图 1.1.8

这时因为还没有做任何设置，所以目前的 Obsidian 没有太多功能，我们会在接下来的操作步骤中把它逐步完善起来。

3. 常见问题

（1）用 Obsidian 写好的笔记，存储在了哪里？

和大部分笔记软件不同，Obsidian 中的笔记并不是存储在笔记软件中的，它的存储逻辑更类似 Word。

我们会用 Word 编辑自己的文档，但是文档并不存储在 Word 这个软件当中。每次用 Word 创建了一个文档之后，会有一个选项框提示你选择把这个文档存储到电脑中的哪个位置。

Obsidian 也一样，我们使用 Obsidian 记的笔记，是存储在电脑中的某个位置的，这就是为什么需要在最开始就确定仓库放在电脑中的哪个位置。因为确定了仓库的位置，我们用 Obsidian 写的笔记，就会自动存储到这个仓库中，那么找到电脑中存放仓库的位置，就能找到所有的笔记了。

（2）仓库到底是什么？

如果 Obsidian 和 Word 类似，那为什么不能把笔记存储在电脑中的任意位置，而是要先设置一下仓库呢？

因为 Obsidian 除了能够编辑笔记，还有很多插件、主题可以使用，这样能够给软件增加非常多的功能。而这些插件、主题的设置也被存储在一个一个的仓库之中，和笔记文档一起构成了我们的记录体系。

所以仓库中不仅存放了笔记，还存放了我们对 Obsidian 进行的各种设置，仓库之间并不相通。

（3）用仓库存储有什么好处？

因为笔记和设置都是存储在仓库中的，所以我们可以很轻松地把笔记打包转移到其他地方。比如你完全可以用 U 盘来存储这个仓库，这样无论走到哪里、用哪台电脑，只要该电脑安装了 Obsidian 就能读取仓库，用自己熟悉的设置查看所有的笔记，并开始写新的内容。

用仓库存储笔记和设置还有另外一个好处，那就是可以方便地使用别人分享的设置。在网上有很多朋友分享他们做好的仓库，其中有设置好的插件、笔记模板，可以直接拿过来使用，非常方便。

搭配这本书我准备了一个新人开荒仓库 Basic 版，其中嵌入了 GAP 三层笔记管理系统，以及书中提到的所有插件及设置，感兴趣的朋友可以扫码到我的公众号阅读这篇文章。

最后一个优点：因为仓库中包含了所有笔记和设置，我们只需把它放到一个可以同步的云盘中，就能让各个电脑实现多端同步了，所以要实现 Obsidian 的同步还是很方便的。

具体的同步配置方法，请看下一节的内容。

本节总结

- 了解 Obsidian 的安装与设置流程。
- 了解创建与管理仓库的方法。
- 了解仓库的灵活性与便利性。

第二节　同步方案解析，打造多设备无缝体验

新建好自己的仓库并存储笔记后，接下来我们一起解决同步的问题。

Obsidian 的同步方式有两种，一种是官方付费方法，按月支付，每月 5 美元，这个方法的优点是方便，在各个设备上下载好 Obsidian 并登录账号即可，缺点是费用高！

当然也有不需要付费的同步方法，就是把仓库放到一个云盘中，让各个设备都到这个云盘去读取内容，具体的方法需要根据你的设备来决定。方法多样，这里提供全套苹果设备，以及 Windows 和安卓系统的两种解决方案。

跨生态的同步比较复杂，但方法也很多。在公众号"Shiki 实验室"中有一篇专门的介绍文章，可扫码阅读，搭配其中的视频更加易于理解。

　　说实话，只要不是官方付费的方案，或多或少都会有一些同步的问题，特别是当你的电脑是 Windows 系统，移动端又是 iPad 和 iPhone 的时候，免费的同步方案效果并不太好。如果按照教程也没有设置好，我建议你缓一缓再进行同步的设置，先用一个主力设备记录起来再说。毕竟我们用这个软件是为了更好地记录信息，而不是变成设置大神。

　　好，我们现在就一个方法一个方法地进行讲解。

1. 官方同步方案

　　这是最简单的同步方法，无论你在哪个设备中下载好了 Obsidian，都能在设置界面[1]的"核心插件"—"同步"这里，单击"齿轮"图标进入设置界面，见图 1.2.1。

图 1.2.1

　　进入同步设置之后，单击"注册"按钮，按照提示完成注册、付费之后，就能登录账号并用 Obsidian 的官方服务来同步内容了，见图 1.2.2。

　　这种方法不需要做什么设置，但因为费用比较高，所以大家一般会选择把仓库放到自己的云盘中，来实现免费同步。

　　但如果你实在搞不定那些复杂的设置，这种用官方同步的方式也值得考虑，可

1　如何打开设置界面，可参见本章第三节的介绍。

以用节约下来的时间多写一点儿笔记。

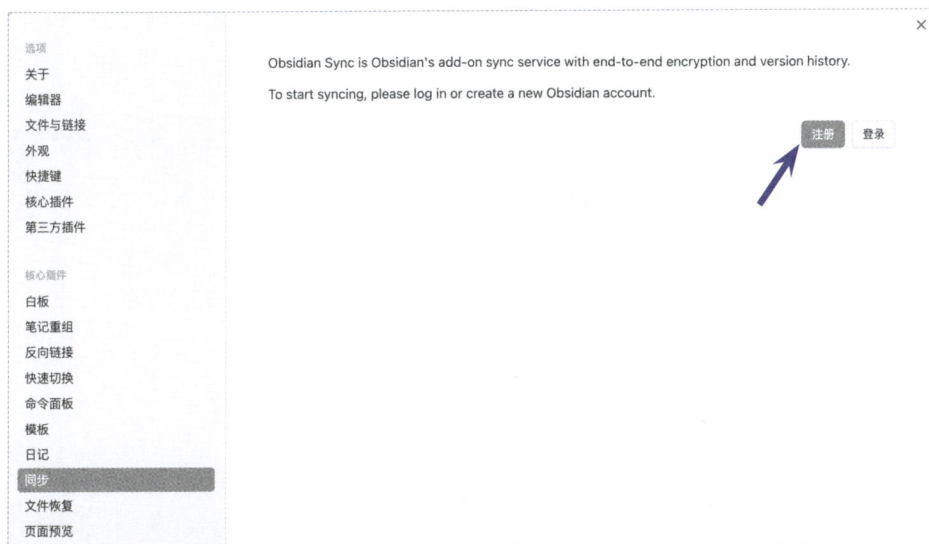

图 1.2.2

2. 全套苹果设备免费同步

在免费同步方案中，最省心的应该就是使用全套苹果设备进行同步了，这部分给大家准备了配套视频教程，可以扫码到公众号阅读相关文章。

因为 Obsidian 支持把仓库放到 iCloud 上存储，所以我们只需用移动端（手机或者 iPad）把仓库在 iCloud 上创建好，再用电脑去读取 iCloud 上的仓库文件夹就能搞定。下面我们一步一步来做。

在苹果生态中，实现同步一定要先设置手机 /iPad，再设置电脑，顺序不要反了。

在手机 /iPad 上下载好 Obsidian，打开软件，选择 Create new vault，见图 1.2.3。

图 1.2.3

设置好仓库的名字，选择 Store in iCloud，见图 1.2.4。

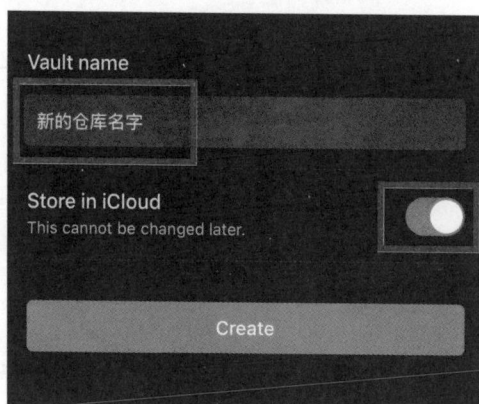

图 1.2.4

这样就在手机 /iPad 上新建好了仓库。打开电脑，再打开本地仓库，见图 1.2.5。

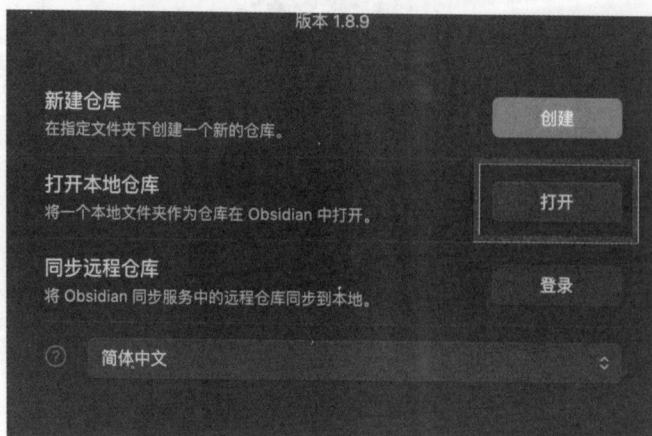

图 1.2.5

接着在"iCloud 云盘"中找到我们刚刚在手机上创建的那个仓库，见图 1.2.6。

图 1.2.6

苹果生态的同步依靠 iCloud 来进行，还是比较容易的，唯一需要担心的是，免费的 iCloud 只有 5GB 空间，需要好好盘算一下应该怎么用。

3. 安卓和 Windows/macOS 同步

比苹果全生态稍微复杂一点儿的是安卓和桌面电脑端。这时我们可以用 OneDrive 作为免费云盘，再搭配 OneSync 这个 App 实现移动端的同步。电脑端的操作一模一样，无论是 Windows 还是 macOS 系统。这部分也给大家准备了视频教程，可以扫码到公众号查看对应文章。

如果没有 OneDrive 账号，需要先到微软的官方网站注册一个账号（见图 1.2.7），注册完成后就能拥有 5GB 的 OneDrive 云盘了。

图 1.2.7

接着在电脑中下载好 OneDrive（见图 1.2.8），并安装好 OneDrive 云盘。

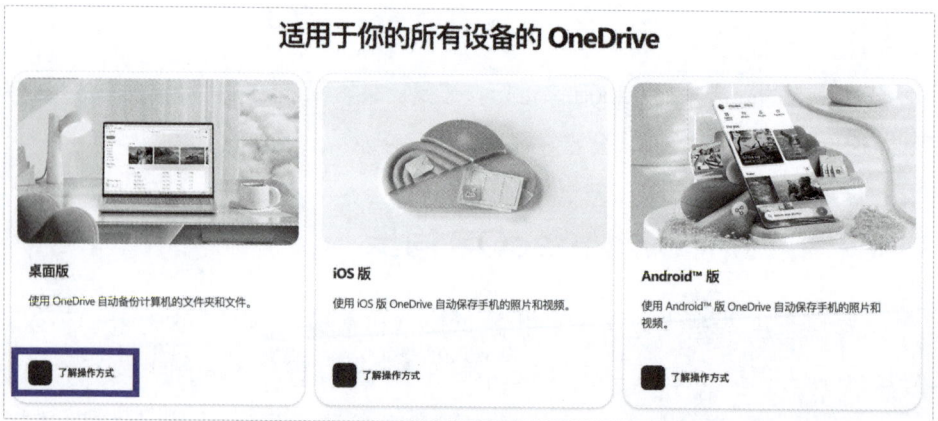

图 1.2.8

下一步打开 Obsidian 创建仓库的界面，把仓库的创建地址选择到 OneDrive 中，见图 1.2.9。比如这里我创建了一个仓库，名字叫"OneDrive 同步"。下面就来设置手机端，把这个仓库同步起来。

因为 Obsidian 在安卓上无法直接读取移动端 OneDrive 中的文件夹，所以必须借助第三方 App 来实现文件的抓取，这里就需要用到 OneSync 这个 App 了（见图 1.2.10）。

图 1.2.9

如果在应用商店中找不到这个 App，可以到本小节开始提供的公众号文章中查找下载、安装方法。

下载好 OneSync App 之后，首先要登录你的 OneDrive 账号，见图 1.2.11。

图 1.2.10

图 1.2.11

接着就要选择要同步的内容了。单击"选择要同步的内容"项，见图 1.2.12。

不要选择"创建测试文件夹对"项，见图 1.2.13。跟着我你不需要测试，所以这里先跳过这一项。

图 1.2.12

图 1.2.13

这时候会跳到主页面，直接选择"同步文件夹"选项卡，如图 1.2.14 所示。

选择"云存储的远程文件夹"项，如图 1.2.15 所示。

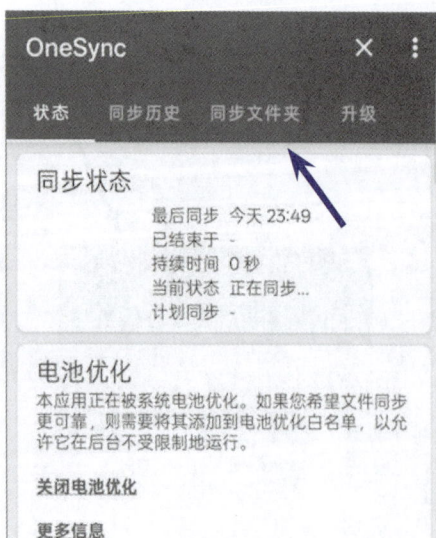

图 1.2.14

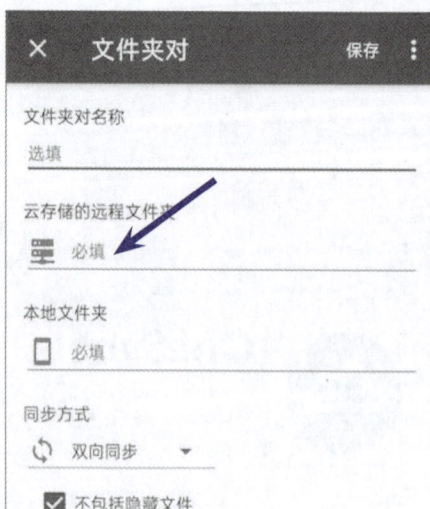

图 1.2.15

　　然后会看到 OneDrive 中的所有文件夹，选择"OneDrive 同步"这个刚刚在电脑上新建的仓库，如图 1.2.16 所示。

　　点开之后看一下其中的笔记是不是和刚才在电脑上创建的一样，确认好后单击"选择"按钮，如图 1.2.17 所示。

图 1.2.16

图 1.2.17

　　选择好从 OneDrive 中抓取哪个文件夹，然后选择把这个云文件夹同步到手机中的什么位置。所以还需要在手机上创建一个新文件夹，让这两个文件夹同步起来。

现在选择"本地文件夹"，进入你的手机存储空间，如图 1.2.18 所示。

因为手机中是没有这个同步文件夹的，所以要单击"新建"图标，如图 1.2.19 所示。

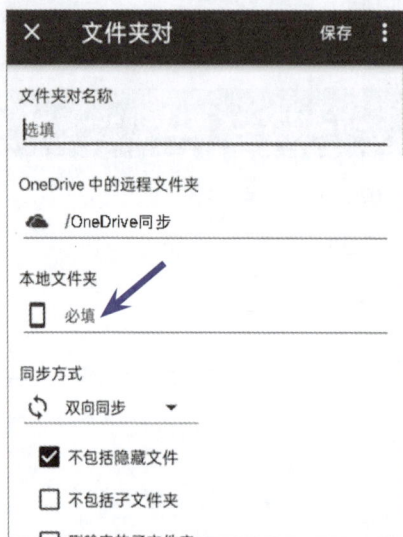

图 1.2.18

图 1.2.19

新建文件夹之后，系统可能会自动识别刚才同步的云文件夹，名字都已经填写好了，直接单击"创建"按钮就行。如果系统没有自动识别出云文件夹的名字，那么手动填写也是可以的，如图 1.2.20 所示。

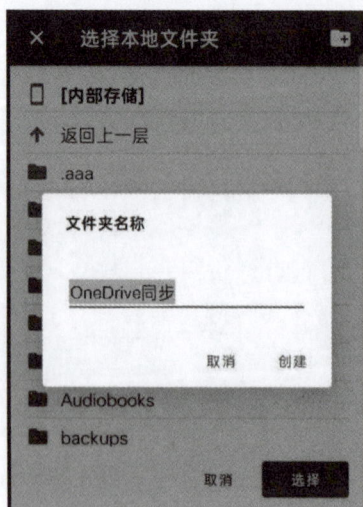

图 1.2.20

　　设置好文件名之后，记得取消勾选下面的"不包括隐藏文件"复选框，如图 1.2.21
所示。因为 Obsidian 的仓库中除存储了笔记外，还有插件、主题等内容，这些都是
以隐藏文件的形式出现的，如果不一起同步的话会缺失很多内容。

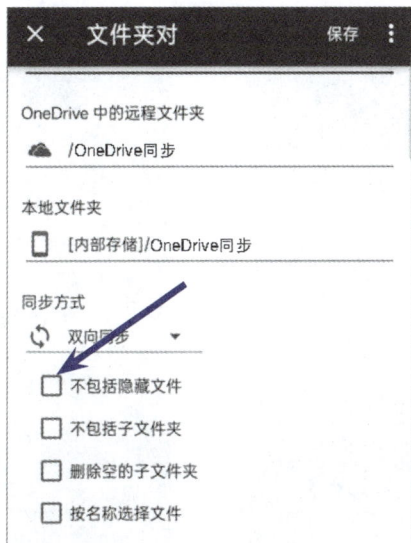

图 1.2.21

　　设置完成后单击"保存"按钮，这样手机上的文件夹和 OneDrive 云盘上的文件
夹就对接上了，如图 1.2.22 所示。

图 1.2.22

接着我们在手机上打开 Obsidian，选择 Use my existing vault 来创建仓库，如图 1.2.23 所示。

然后选择 On this device 项，选择从这个设备中找到仓库，如图 1.2.24 所示。

图 1.2.23

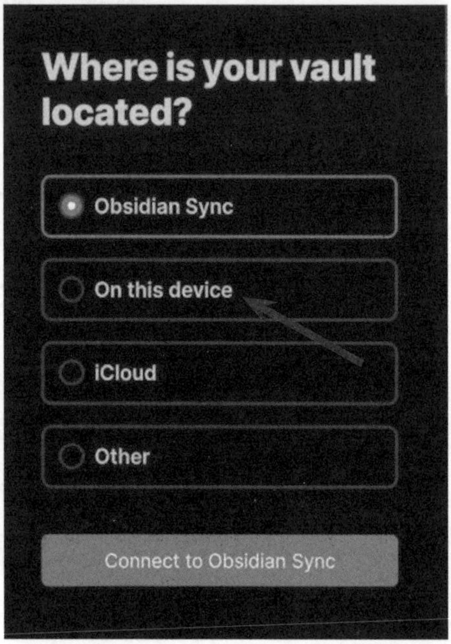

图 1.2.24

选择我们刚才同步的那个文件夹，如图 1.2.25 所示，然后就可以正式使用 Obsidian 手机版了！这个软件会自动帮你同步，但是会有一些延迟，最稳妥的做法是写完内容或者准备开始写的时候，到 OneSync 中单击一下"同步"按钮，这样就能准确无误地同步好手机和电脑中的内容了，如图 1.2.26 所示。

这样我们就初步实现了在各个设备上都能浏览笔记的效果。设置好之后，就可以写笔记了！

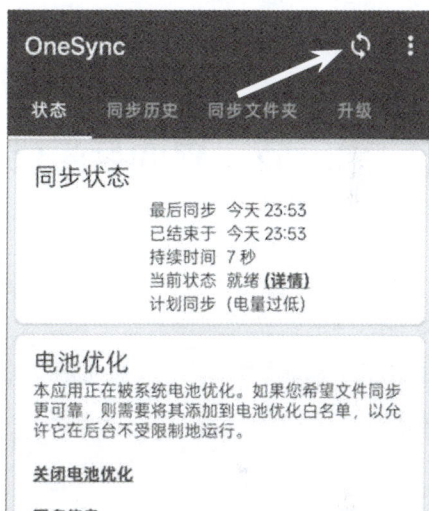

图 1.2.25　　　　　　　　　　　　　　　图 1.2.26

4. 常见问题

（1）我可以用百度网盘来同步吗?

不可以。百度网盘中的文件无法实时同步，所以无法作为同步的云盘。但目前在电商平台有商家提供第三方服务，能够通过某些方法实现百度网盘的同步，但需要单独付费。

（2）我可以用 NAS 来同步吗?

可以。如果你要用 NAS 来同步，那么推荐使用 Remotely Save 插件，具体每个品牌的 NAS 有哪些特殊的设定，可以在网上找一找答案。

本节总结

- 了解官方同步方案。
- 实现全套苹果设备同步的方法。
- 实现 Windows 与安卓设备同步的方法。
- 关于同步的常见问题。

第三节　界面与基础设置，以及两个必会功能

现在已完成安装，也设置好同步了，这一节我们来看看 Obsidian 的主页面到底是什么样的，以及如何调整主页面上的各种控件。除此之外，还要讲两个必须掌握的功能，那就是如何使用控制面板和快捷键，这两个功能是你轻松使用 Obsidian 的基础，相信你会初步感觉到，市面上没有第二个如此灵活的笔记软件了。

1. 软件页面介绍：主页面的布局，可以灵活调整

大部分软件主页面中的控件的布局都是固定的，但 Obsidian 不一样，它的主页面中的控件几乎完全支持自定义，无论你是希望打开多个笔记进行比对，还是喜欢简洁的单页面模式，都能满足你的需求。

安装好软件之后，我们会看到图 1.3.1 所示的页面。

主页面的布局分为 6 个区域，分别是：（1）文件夹区，（2）笔记区，（3）右侧插件区，（4）文件功能区，（5）插件按钮区，（6）设置区，我们依次来看。

（1）文件夹区，如图 1.3.2 所示。

这个部分类似我们常见的笔记软件的文件夹区域，主要有以下功能按钮及区域。

a　新建笔记按钮。
b　新建文件夹按钮。

c 设置文件夹排列方式按钮。注意，在 Obsidian 中不能自定义文件的排列顺序，只能用这里提供的方法排列。

d 自动找到当前笔记所在的位置按钮。

e 罗列出所有笔记的区域。

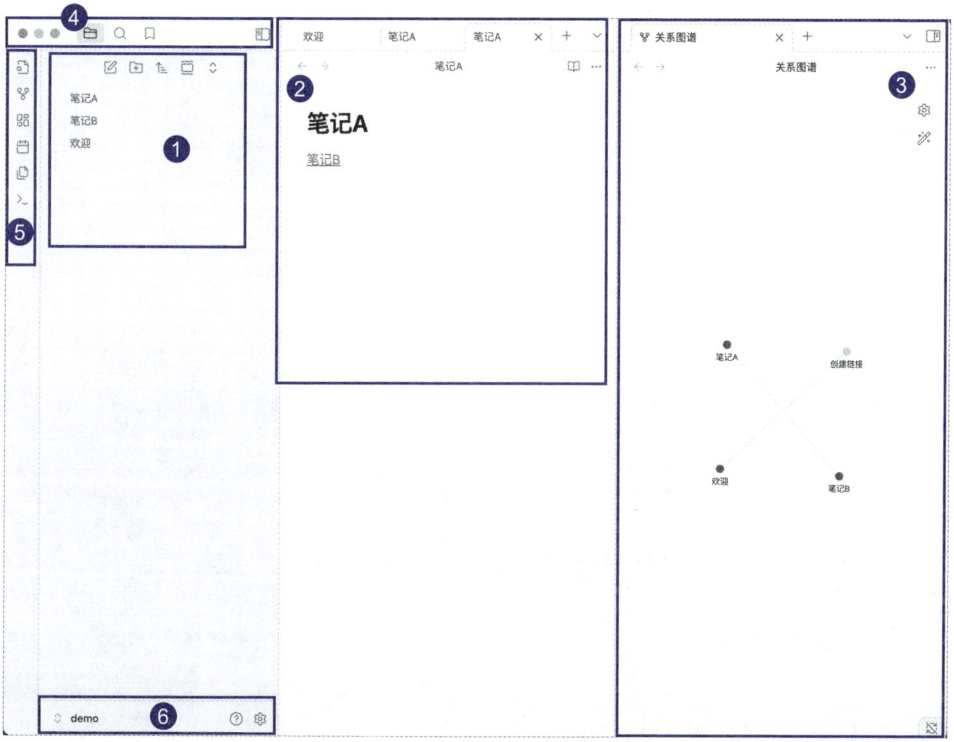

图 1.3.1

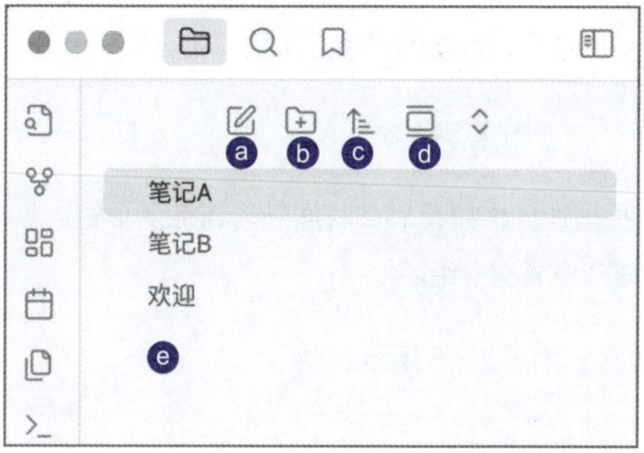

图 1.3.2

Obsidian 中的文件夹不需要太多，如果按本书后面介绍的 GAP 三层笔记法所说，你甚至可以只用三个文件夹即可管理所有笔记。因为我们有各种方法来找到笔记，所以不用花太多时间在选择文件夹上。

（2）笔记区，如图 1.3.3 所示。

图 1.3.3

这个位置就是我们正常记录笔记的地方，主要有以下几个功能。

a 填写笔记标题。

b 写笔记的广阔区域。

c 笔记标签的区域，方便切换。

d "三个点"的图标中有更多功能，比如导出、分屏、删除、切换浏览模式等。

笔记区没有过多的功能，具体的记录方法我们会在下一节介绍。

（3）右侧插件区，如图 1.3.4 所示。

这里可以放各种插件，比如日历、时间轴、任务清单等，可帮你实现各种记录的需求。我们会在第二章着重介绍。

（4）文件功能区，如图 1.3.5 所示。

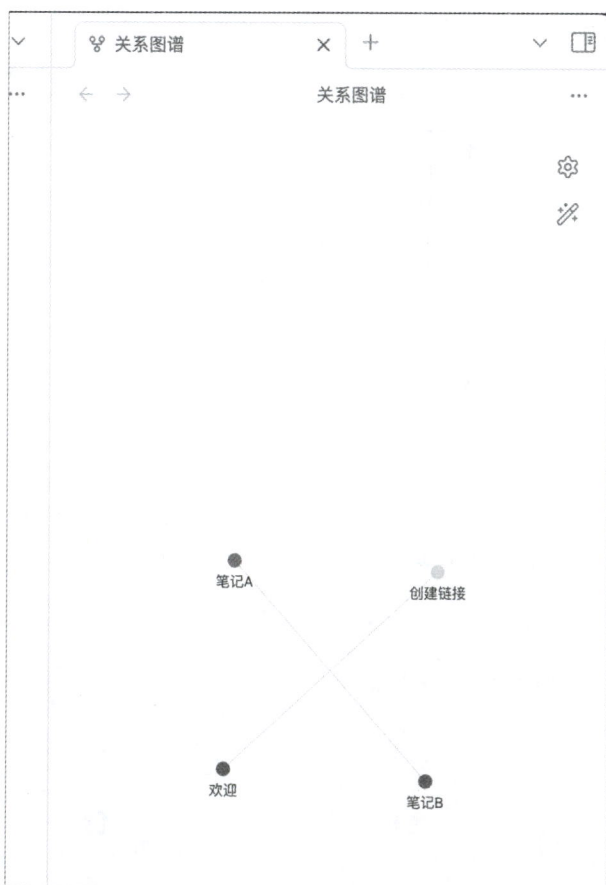

图 1.3.4

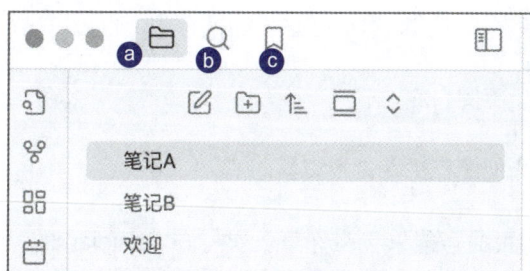

图 1.3.5

　　默认有三个功能，分别是查看笔记、搜索笔记，还有查看添加到收藏夹中的笔记。

（5）插件按钮区，如图 1.3.6 所示。

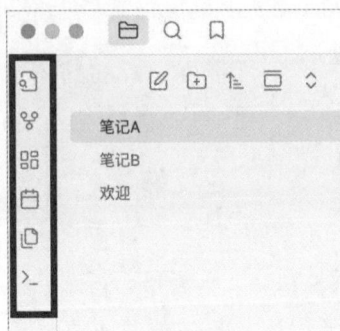

图 1.3.6

这个位置显示的是各种插件的按钮。这里显示什么按钮，取决于你安装了什么插件，单击右键可以删除某个插件按钮，也可以把整个区域关闭，留下更多的空间来显示笔记。

（6）设置区，如图 1.3.7 所示。

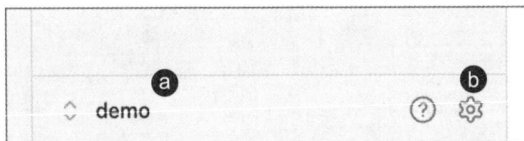

图 1.3.7

这个区域在软件的最下方，可以在这里切换仓库，也可以进行各种设置。

• 单击 **ⓐ** 处切换不同仓库。

• 单击 **ⓑ** 处的齿轮图标进入设置页面。

图 1.3.1 所示的页面可能只会在你第一次打开 Obsidian 的时候看到，因为几乎所有的按钮都是可以用鼠标拖曳走的，不同的区域也能直接拖动到其他位置。比如我们可以把笔记区拖动到其他的地方，像在图 1.3.8 中，笔记区就被拖动到了最左和最右两个侧边栏。

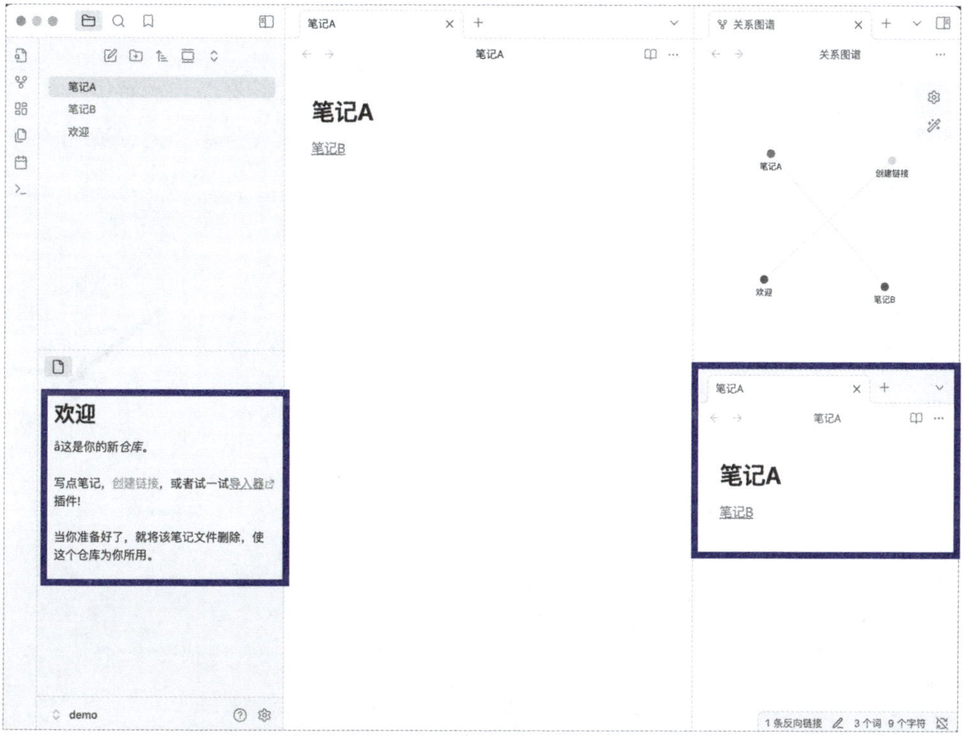

图 1.3.8

　　随着我们的使用，安装的插件会越来越多，如果在两侧无法完全显示，那么只需将它们直接拖动到其他位置就行了。

2. 基础设置

　　了解了界面的组成之后，我们需要做一些基础设置。Obsidian 中的所有设置选项，都在单击左下角设置区中的"齿轮"图标（见图 1.3.9）后打开的界面（见图 1.3.10）中。

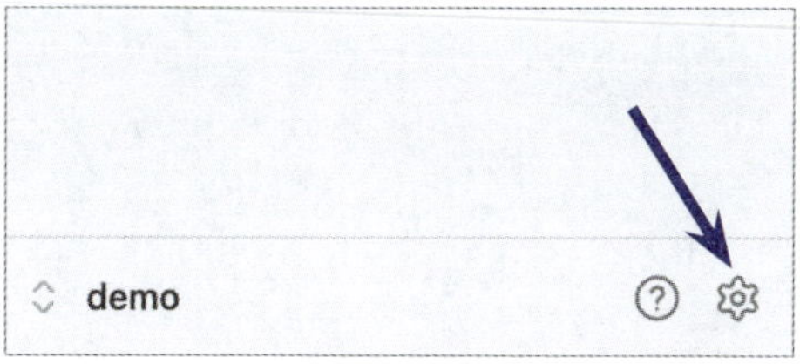

图 1.3.9

大部分功能都可以根据你的喜好调整，但是有三个功能我们必须将其打开。

首先，在左侧选择"文件与链接"项，在右侧打开"始终更新内部链接"项，如图 1.3.10 所示。只有打开这个功能，才能保证我们在修改文件名之后，添加的链接不会丢，这一点非常重要！

图 1.3.10

另外一个是在"核心插件"的位置，打开"属性列表"项，如图 1.3.11 所示。只有打开了这个功能，才能方便我们批量管理笔记，这个功能在后期非常有用。

图 1.3.11

最后，还是在"核心插件"位置，找到"反向链接"项，如图 1.3.12 所示。这个功能也要打开，这样才能清楚地看到这个笔记和其他哪个笔记有关系。

图 1.3.12

除了做好这三个设置，还有两个小绝招要教给你。

3. 绝招 1：控制面板的使用方法

在写笔记的时候我们常常要做一些操作，比如插入模板、导出笔记、删除笔记等。如果每个操作都要去找按钮，就太影响写笔记的流畅性了，所以在 Obsidian 中我更推荐大家使用控制面板来实现所有的操作，操作面板如图 1.3.13 所示。

可以通过快捷键 Cmd + P（在 macOS 系统中）或者 Ctrl + P（在 Windows 系统中）来打开控制面板。控制面板是 Obsidian 中的核心工具之一，几乎所有的操作都可以通过它来快速执行。

我最常用的是通过模板新建笔记、删除笔记、导出 PDF 文件这三个功能。比如我要用模板来创建笔记，只需先激活控制面板，然后搜索"模板"，就会出现插入模板的选项，这样创建笔记很快，如图 1.3.14 所示。

如果要删除目前正在写的笔记，那么直接打开控制面板，搜索"删除"就能直接删除这个笔记。

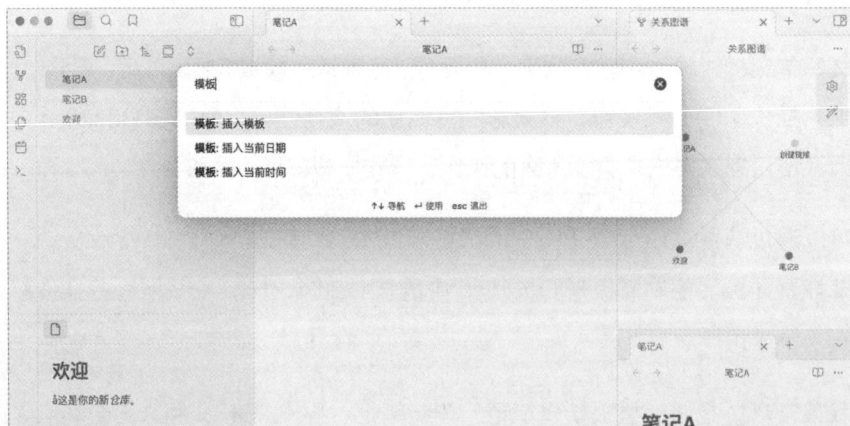

图 1.3.13

图 1.3.14

　　随着对 Obsidian 使用得越来越多，并安装了更多第三方插件，控制面板中的操作会变得更丰富，使用这样的方式可执行很多操作（比如召唤 AI 来改写、切割长篇笔记等）。

4. 绝招 2：自由设置快捷键

Obsidian 的另一个亮点就是它的快捷键系统。除了大家都知道的 Ctrl+C、Ctrl+V、Ctrl+Z 等，控制面板上的所有操作都可以用快捷键来进行。比如我可以用 Ctrl+N 直接新建一个笔记，也可以用 Ctrl+T 来显示今天记的笔记。还可以自定义这些快捷键，灵活度更高。

想要自定义快捷键，我们要到 Obsidian 的设置界面中，从左侧找到"快捷键"项，就能进行自定义设置，如图 1.3.15 所示。

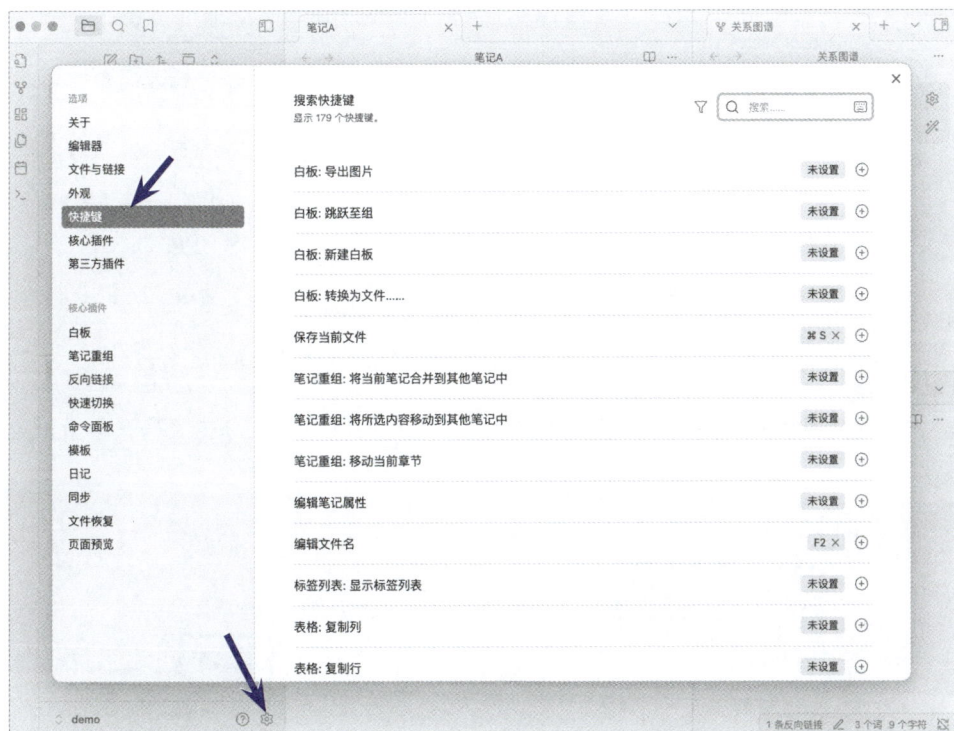

图 1.3.15

首先找到想要设置的命令动作，然后单击右侧的加号按钮，录入你想使用的快捷键即可，如图 1.3.16 所示。

和大家分享几个我最常用的快捷键（有的已经默认设置好了，有的需要自己设置）：

Ctrl/Cmd+M：移动当前笔记到一个新的文件夹（默认快捷键）。

Ctrl/Cmd+O：搜索笔记（默认快捷键）。

Ctrl/Cmd+T：打开今天记的笔记。

Ctrl/Cmd+[：快速回到上一个笔记页面。

Ctrl/Cmd+]：快速去到下一个笔记页面。

Ctrl/Cmd+L：生成一条待办清单。

图 1.3.16

如果快捷键有重复，系统会给出提示，如图 1.3.17 所示。单击叉号，重新设置就行。

图 1.3.17

　　这两个基本操作对于快速使用 Obsidian 有非常好的效果！不用鼠标，使用键盘就可让整个流程变得更顺滑，你一定要试试。

5. 常见问题

（1）快捷键太多，记不住怎么办？

　　不用勉强，快捷键一定要记得住才能发挥真正的作用，所以我建议你分批次设置。比如自己最近经常用这几个功能，那么就先把这几个功能的快捷键设置好，等能记住了再继续添加，不需要一次添加很多快捷键。

本节总结

- 了解主页面的布局，并知道如何调整主页面布局。
- 了解使用控制面板的方法。
- 了解快捷键系统，以及自定义快捷键的方法。

第四节　Markdown 入门指南，轻松写笔记

　　配置好了同步功能，也了解了软件的布局，还掌握了两个必备的技巧，我们可以正式开始写笔记了。用 Obsidian 写笔记，在格式上和我们常见的笔记软件有很大区别，因为 Obsidian 是使用 Markdown 语法来实现文字格式的效果呈现的。

　　所以，这一节我们就来详细介绍 Obsidian 的笔记语言——Markdown，这样才能保证你写出来的笔记格式清晰。

1. Obsidian 的笔记语言和普通笔记软件的有什么不同

认真看 Obsidian 的笔记区就会发现，在熟悉的位置，并没有样式编辑栏（见图 1.4.1）。

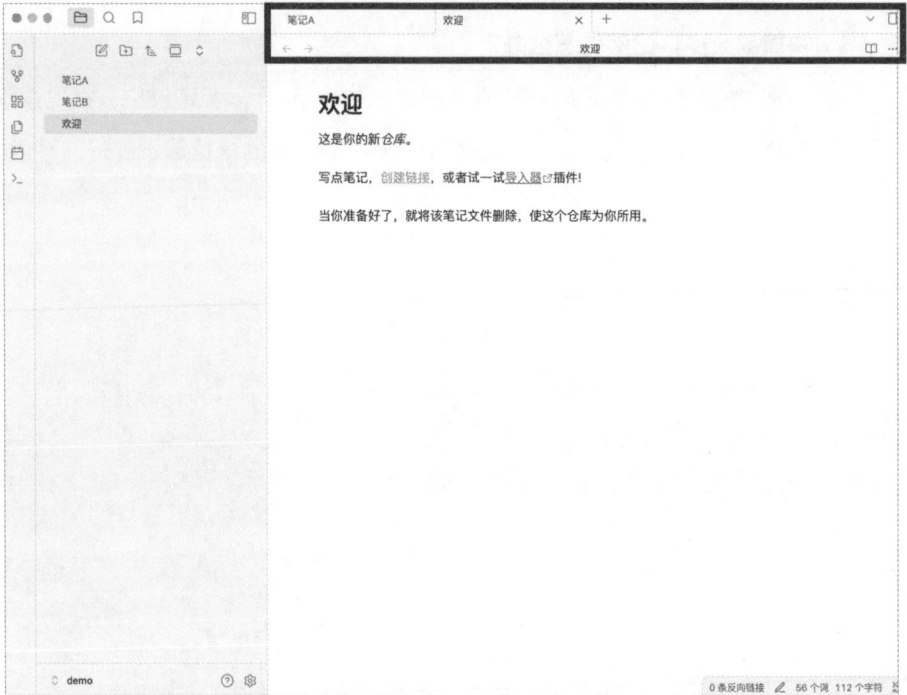

图 1.4.1

这让很多初次使用 Obsidian 的朋友没有安全感！想要调整颜色、字体大小应该怎么办？想插入表格又应该怎么办？

初看起来是会让人惊恐，但少了这一排编辑栏，恰恰是 Obsidian 的魅力所在：它能帮助你专注于记录本身，而不被烦琐的格式和界面所干扰。

在 Obsidian 中，所有的格式设置都通过简单的符号来完成，只需要打字就能调整字号、加粗、创建列表。这样我们在写笔记的时候，完全不需要动鼠标，就能写完一篇整洁的笔记。这就是用 Markdown 语法来写笔记的魅力。度过了初期的不适应之后，你一定会觉得 Markdown 语法使用起来很便利！

2. 常见的 Markdown 语法

Markdown 语法掌握起来不难，并没有太多需要记忆的内容。在记录的过程中掌握好以下几点就行了。

（1）标题 #，如图 1.4.2 所示。

Markdown

一级标题
二级标题
三级标题
四级标题
五级标题
六级标题

图 1.4.2

一个 # 表示一级标题，两个 # 表示二级标题，以此类推，最多到六级标题。

这里需要注意，输入 # 之后，要紧接着输入一个空格再输入标题文字，这样才能激活分级标题的功能。如果在 # 后面直接加文字，会变成标签，而不是层级。

（2）加粗与斜体，如图 1.4.3 所示。

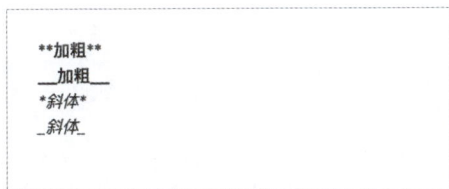

加粗
__加粗__
斜体
_斜体_

图 1.4.3

使用 ** 或 __（两根下画线）表示加粗文字，使用 * 或 _（一根下画线）表示斜体。

（3）要点列表，如图 1.4.4 所示。

图 1.4.4

使用 -、* 或 + 加上空格，再跟上文字内容就能实现要点格式。

（4）引用，如图 1.4.5 所示。

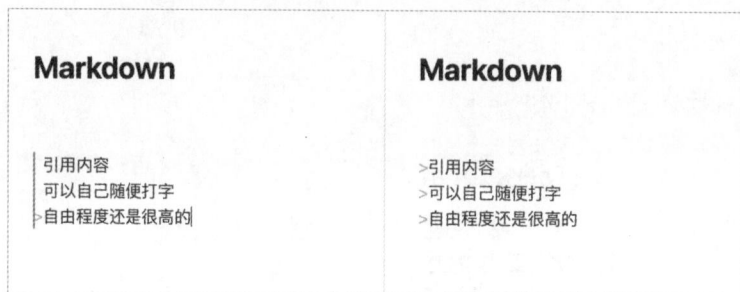

图 1.4.5

在句子开头输入一个大于符号 >，紧接着在后面输入内容就可以了。

这个语法能突出重点，让页面变得更好看。

（5）待办清单，如图 1.4.6 所示。

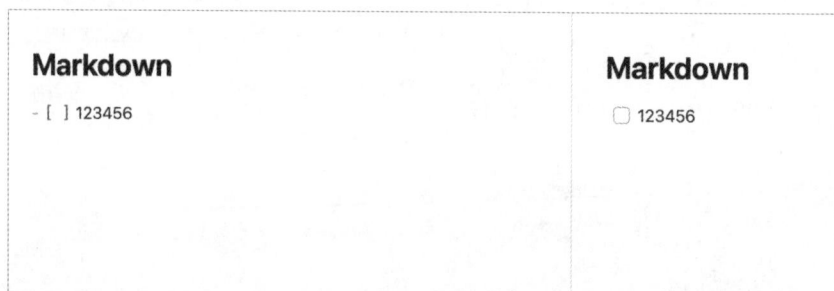

图 1.4.6

使用 - [ ] 可变成待办清单的符号。用快捷键实现会更方便，直接按 Ctrl/Cmd+L 组合键，就会自动变成待办清单。

（6）高亮显示，如图 1.4.7 所示。

选中要高亮显示的文字，然后输入 == 即可，这是最简单的快速上色方法。

（7）双链与嵌入式文件，如图 1.4.8 所示。

图 1.4.7

图 1.4.8

　　Obsidian 的特色之一是双链功能，这也可以通过 Markdown 语法来实现。输入 [[之后，系统就会问你要链接哪个笔记，选择后，笔记就会自动变成一个超链接。具体关于双链的使用可参考本章第六节。

　　上述就是比较重要的 Markdown 语法了。还有一些语法在这里没有进行罗列，可以到网上搜索一下并记录下来，形成笔记方便查看，顺便也练习了 Obsidian 的使用。

3. 用 Markdown 语法记笔记的便利之处

　　了解了 Markdown 的语法，我们再来说说用它记笔记的好处。

（1）可以专注记录

　　因为所有格式都通过打字来完成设置，所以不需要考虑字体、字号等样式问题，自然就不会因为格式问题而分心，可以完全专注于信息的记录。

（2）纯文本在各个设备上都能打开

　　由于 Markdown 语法本质上是纯文本格式，所以可以在任何设备上打开和编辑。

而且 Markdown 语法不仅在 Obsidian 中可以使用，在很多笔记软件中都能使用，让笔记搬家更方便。

（3）对 AI 非常友好，很适合建立个人知识库

Markdown 格式的笔记是最方便 AI 识别的文字信息格式之一，比 PDF 的适配度高许多。所以用 Markdown 格式记的笔记，其实是在给 AI 准备资料，准备好之后把这些笔记投送给 AI，让 AI 阅读、处理、整合都很轻松。

4. 常见问题

（1）要修改字体颜色等怎么办？

在 Obsidian 中，要想修改字体颜色必须用代码来实现，搭配 Colored Text 这个插件，能够轻松实现给文字换颜色。

在第三方插件市场中找到 Colored Text 插件（插件下载方法可以阅读第二章第二节的内容），如图 1.4.9 所示。

图 1.4.9

安装好之后，在 Obsidian 界面的右下角会多出几个调色盘，单击进去选择好默认颜色，单击 Submit 按钮，如图 1.4.10 所示。

接着选中你想要修改颜色的文字或者段落，然后在控制面板（Ctrl/Cmd+P）中选择 Colored Text：Color Text 这个选项，如图 1.4.11 所示。

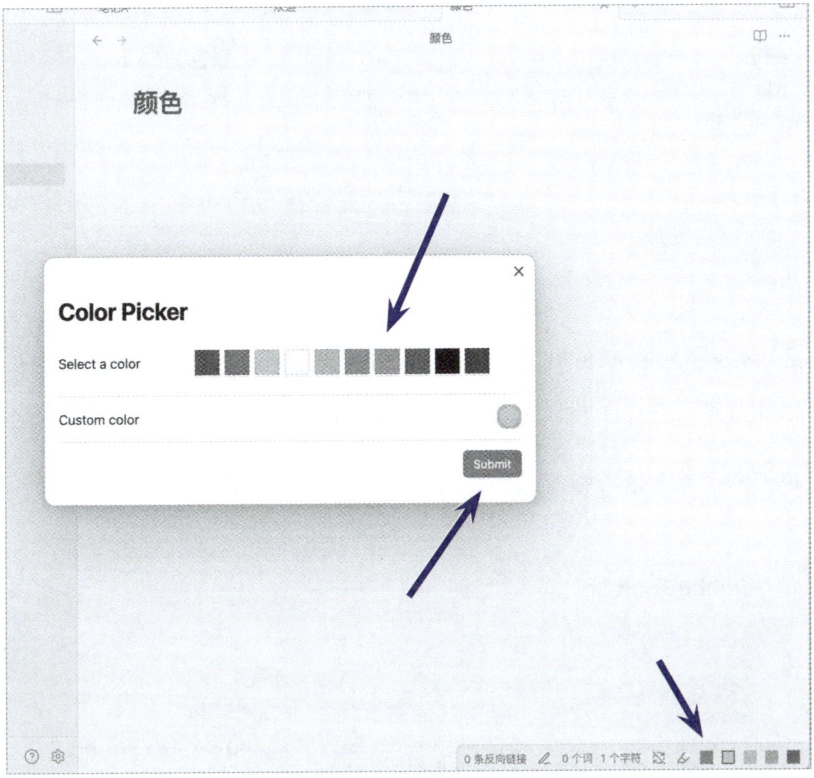

图 1.4.10

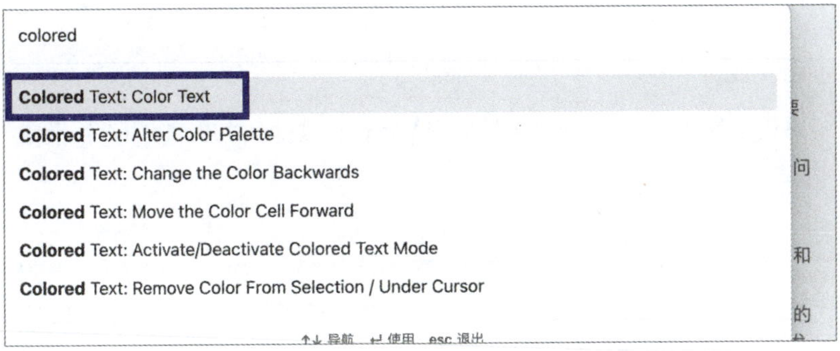

图 1.4.11

这样文字就通过代码带上颜色了，如图 1.4.12 所示。

不得不说，这个操作有点儿麻烦，我一般都用加粗和高亮来强调重点和给文字
变色。

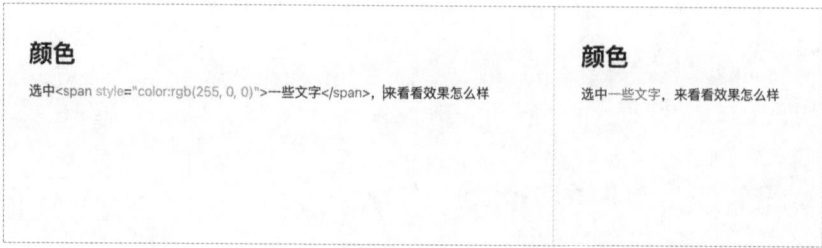

颜色

选中\一些文字，来看看效果怎么样

颜色

选中一些文字，来看看效果怎么样

图 1.4.12

（2）还是不习惯 Markdown 格式，就是想用格式编辑器，怎么办呢？

可以通过第三方插件 Editing Toolbar 来解决。

在第三方插件市场中搜索 Editing Toolbar（见图 1.4.13）。

Editing Toolbar

⌀ 619,612
版本: 3.1.12
作者: Cuman
Github 仓库地址: https://.com/cumany/obsidian-editing-toolbar
上次更新: 1 天前

The Editing Toolbar is modified from cMenu, which provides more powerful customization settings and has many built-in editing commands to be a MS Word-like toolbar editing experience.

安装　复制分享链接

图 1.4.13

安装好该插件之后，Obsidian 就变回 Word 样式了，如图 1.4.14 所示。

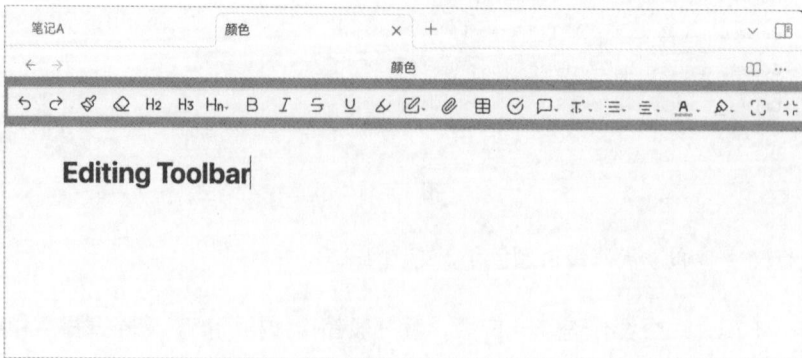

| 笔记A | 颜色 | × | + |

颜色

↺ ↻ ✐ ✑ H2 H3 Hₙ B I S U ✂ ✐ ✐ ⊞ ☑ 💬 ⊞ ☰ ☰ A ◇ [] ✥

Editing Toolbar

图 1.4.14

（3）想要做表格，怎么办？

Obsidian 并不太适合做表格，做了表格也无法做数字计算，只是看着好看而已。

当然如果你一定要做表格也是有办法的，Obsidian 中的表格也是通过 Markdown 语法实现的。

用英语的 | 符号加上内容,再加上一个 | 写完第一行,接着第二行输入 |---| 之后，软件就会自动补全语法，让它变成表格，如图 1.4.15 所示。

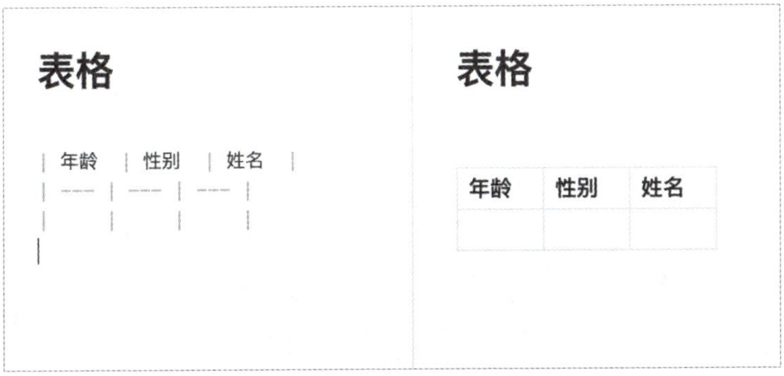

图 1.4.15

如果你想用更接近 Excel 中的表格添加方法的话，可以用第三方插件 Advanced Table，这样页面就会变得更像我们熟悉的 Excel 了。

本节总结

- 了解 Markdown 语法，以及用它记笔记有什么好处。
- 了解常用的 Markdown 语法。
- 了解自定义文字颜色与添加表格的方法。

第五节　标签整理术，内容更加有条理

怎么管理笔记才能让我们更快更准确地找到同类笔记呢？最简单的方法就是给笔记打标签。

大部分人习惯用文件夹来管理笔记，但一个笔记只能放在一个文件夹里，如果是跨内容的笔记非常不方便管理。如果使用标签，就可以给一个笔记打上多个标签，让这一篇笔记在更多的地方活跃起来。

举个例子，我正在写一篇关于"AI 工具在项目管理中的应用"的笔记，与其苦思冥想这篇笔记是该放在"AI 工具"文件夹，还是"项目管理"文件夹，不如直接在笔记开头加上"# AI 工具 # 项目管理 # 灵感"三个标签。这样就解决了"信息属于多个主题"这一常见问题，也在以后回顾相关内容时更容易查找。

Obsidian 中的标签管理系统十分好用，在这一节中我们就来介绍标签管理系统的使用方法。

1. 创建标签

在 Obsidian 中创建标签非常简单，直接在笔记的任意位置输入 # ，再加上你想使用的标签名称即可，例如：# 写作、# 灵感、# 阅读笔记。

标签可以包含中文、英文、数字、短横线，但不能在 # 之后直接加空格。因为根据 Markdown 语法，# 加空格会变成层级标题，这一点需要特别注意。

正确激活了标签功能，文字颜色会发生改变，很好区分，如图 1.5.1 所示。

有时候在一个标签下面还会分出一些岔路，这时可以使用斜杠 / 来表示层级关系，例如：# 学习 / 编程、# 学习 / 语言。

从侧边栏查看标签的时候，层级标签旁边会有一个三角形图标，点开这个图标就能看到该标签下面的次级标签，如图 1.5.2 所示。

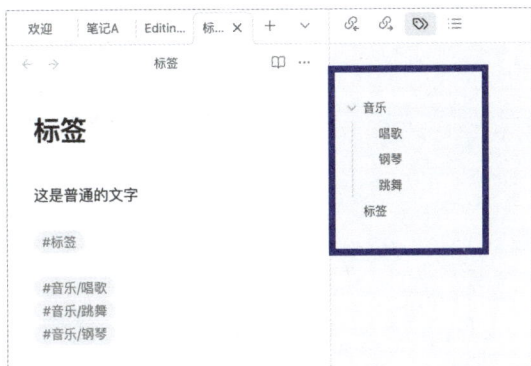

图 1.5.1   图 1.5.2

单击标签面板中的任意标签，就能在左侧的搜索栏中，看到所有带上这个标签的笔记，如图 1.5.3 所示。

图 1.5.3

2. 搜索标签

除了单击标签面板能够看到所有标签，也可以使用软件界面左上角的搜索按钮直接搜索标签，从而找到带有对应标签的内容，如图 1.5.4 所示。

图 1.5.4

3. 一次性查找出标签下的所有笔记的内容

使用上面两种方法虽然可以看到标签下的所有笔记，但每次都要手动输入查找，比较麻烦，有没有办法可以自动提取某个标签下的所有笔记内容呢？

答案是：当然有，只不过需要用到第三方插件 Dataview。配置好根据什么标签进行提取，就能在笔记中自动汇总所有带上这个标签的笔记的内容。

图 1.5.5 所示的就是用 Dataview 来提取带有 ● 这个标签的所有笔记（左侧是代码，右侧是代码提取出笔记的效果）。

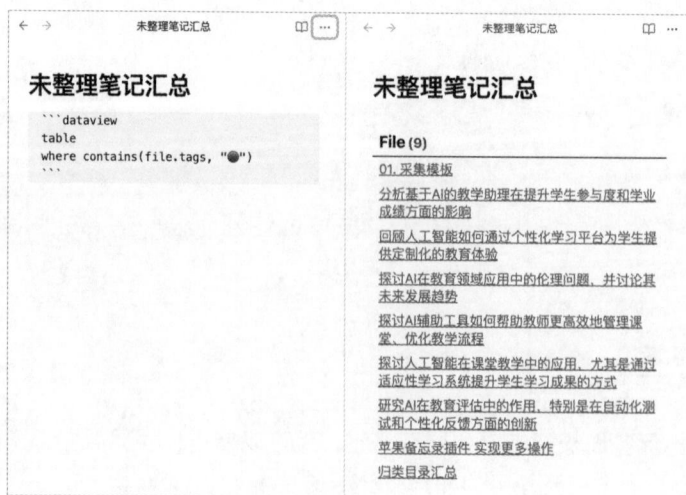

图 1.5.5

这样在想查看某个标签下所有笔记的时候，就不需要手动搜索了，直接打开这个标签的目录页就行了。

具体的设置方法可以参阅第二章第三节的内容。

4. 使用标签有什么缺点

正因为给笔记添加标签非常方便，所以很容易陷入以下几个泥潭。

（1）标签名字重复，有时用"# 旅行"，有时又用"# 旅游"，导致想要关联在一起的笔记没有被放到同一个标签下，找起来反而更困难。

（2）标签数量太多，导致想要按照标签提取笔记内容的时候，总是找不到自己想要的那一个笔记。

（3）标签下的笔记之间的关系不清晰，当很多内容被打上同一个标签之后，我们很难通过手动的方法再去调整两个内容之间的关系。比如在"# 重庆旅游"这个标签下可能依次收藏了"重庆三日游路线推荐""重庆酒店推荐""重庆火锅推荐""重庆江北酒店推荐"，点开这个标签的时候文章是按照默认顺序排列的，无法按照吃、住、行这样的方法来进行汇总排列。

所以，虽然使用标签很方便，但是一定要注意定期维护标签，应该有一个标签目录，在其中能看到自己到底有些什么标签，这样能很大程度解决问题（1）和（2）。

但是问题（3）是标签使用时间长了以后，肯定会发生且不可解决的问题。所以，我建议，标签只用来做笔记状态的分类，比如笔记写完没有，剪藏的内容有没有完成整理，而笔记和笔记之间的联系，还是使用 Obsidian 最擅长的双链来解决。

总的来说，Obsidian 的标签功能用起来轻便好上手，相信只要尝试过一次就能用起来。

如果你还是想用标签来给笔记内容进行分类，推荐看看《笔记的方法》这本书，其中有很多使用案例，对你会很有帮助。

本节总结

- 了解标签的基本使用方法。
- 了解标签的查看与搜索方法。
- 清楚标签的潜在缺点。

第六节　笔记双链技巧，构建知识互联网络

写笔记容易，找笔记难。怎么把到处搜集的笔记链接起来，才是最考验技术的。

为了解决这个问题，常见的软件用文件夹、标签来给笔记分类，但这样做其实不太灵活。Obsidian 用一种笔记链接笔记的方法来解决这个问题。这个链接笔记的动作，叫作笔记双链。

通过双链，我们可以让笔记变成网状的知识结构，避免信息孤立，也让我们的笔记像有了生命力，通过不断关联相关的笔记，从一篇弱小的笔记变成参天大笔记。本书后面介绍的 GAP 三层笔记法，也是以双链功能作为基础搭建起来的。灵活掌握双链功能，能搭建出更好的知识网络。

Obsidian 中的双链分为三种不同层次，分别是链接笔记、链接段落、链接块。这样不仅可以将一整篇笔记链接到相关笔记中，甚至可以精准链接到笔记中的某个区块，让信息更好找。

1. 链接笔记

把一篇一篇的笔记链接起来是最简单的，只需在编辑笔记的区域输入两个方括号 [[，就会出现所有仓库中的笔记，选择出自己需要关联的那个就可以了，如图 1.6.1 所示。

链接后的笔记标题颜色会发生变化，单击它就能直接跳转到链接好的笔记，如图 1.6.2 所示。

图 1.6.1

图 1.6.2

这样就实现了笔记和笔记之间的关联。

2. 链接段落

有时整篇笔记比较长，直接链接笔记题目也不太精确，这时可以只链接其中的某一个段落。

在输入 [[并选择好笔记之后，回过头来再输入一个 # 号，这时就能选择要链接笔记的哪一个段落了。如图 1.6.3 所示，这里显示出笔记 A 有三个段落，需要链接哪个段落，选择哪个就可以了。

当然，要使用这种链接段落的功能，你想链接的笔记要有标题层级才行，否则在输入 # 之后是什么也看不见的，图 1.6.4 所示的就是链接了一篇没有标题层级的笔记，输入 # 之后显示不出任何内容（也就是一片空白）。

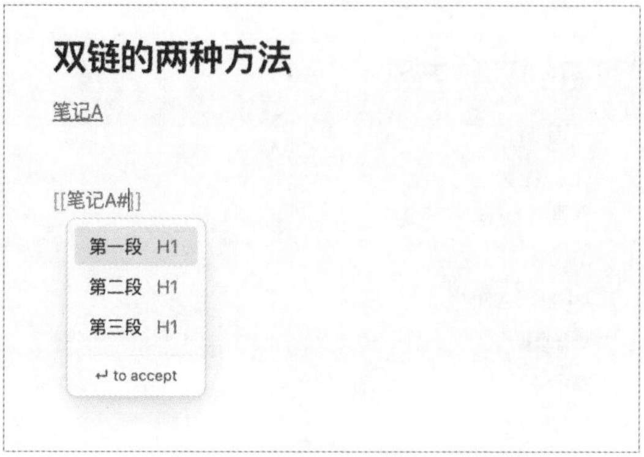

图 1.6.3

图 1.6.4

　　我们用这种方法把笔记的段落链接起来，在单击跳转的时候，就会跳到指定的
那一段。图 1.6.5 中所示的高亮部分，就是从另外一篇笔记中点击链接跳转过来的。

图 1.6.5

3. 链接块

　　如果文章的段落也很长，关联到段落也不是很精确，只想让笔记关联到具体的某一行，那么我们在输入 [[并选择好笔记之后，再输入一个 ^ 号，就能选择要链接到笔记的哪一行了，如图 1.6.6 所示。

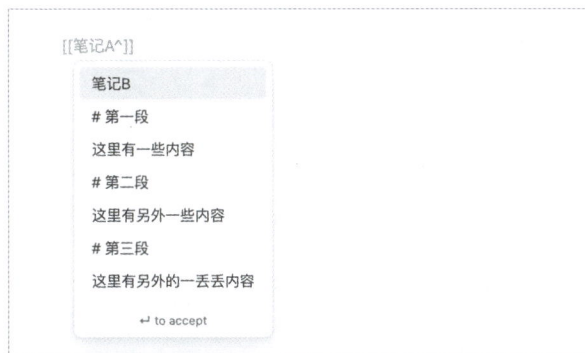

图 1.6.6

　　这样设置好行与笔记的链接之后，再单击链接，就会直接跳转到对应的那一行，如图 1.6.7 所示。

图 1.6.7

　　这时链接的内容旁边会多出一组数字，这是系统为它自动生成的定位代码，不用管。

设置好链接后你可能会问，如果我修改了笔记内容，或者笔记名称，这个链接是不是就失效了？聪明的 Obsidian 当然不会让这种情况发生，但前提是我们做好了下面要介绍的这个设置。

4. 双链必备设置

Obsidian 中的其他设置你都不用管，但是这个有关双链的设置是一定要手动设置的。

到设置界面的"文件与链接"项中，打开"始终更新内部链接"选项，如图 1.6.8 所示。

图 1.6.8

打开这个开关之后，就能保证无论你修改了链接中的什么内容，系统都会自动帮你同步所有和它有关联的笔记。

5. 怎么查看链接了多少笔记

按照上面的操作，我们已经给一篇笔记加上了很多个链接。但怎么知道有多少个笔记链接到这个笔记，或者这个笔记都链接到了哪些地方呢？

在设置界面中，找到"核心插件"—"出链"选项，把这个功能打开，如图 1.6.9 所示。

图 1.6.9

打开这个功能之后，就能在笔记页面的侧边栏找到所有和这个笔记有关联的笔记的列表。

和笔记的链接有两种，分别是出链（这篇笔记与其他笔记链接的链接），以及入链（这篇笔记被其他笔记链接的链接），图 1.6.10 所示的这两个按钮可以拖动到任意地方，只要方便你使用就行。

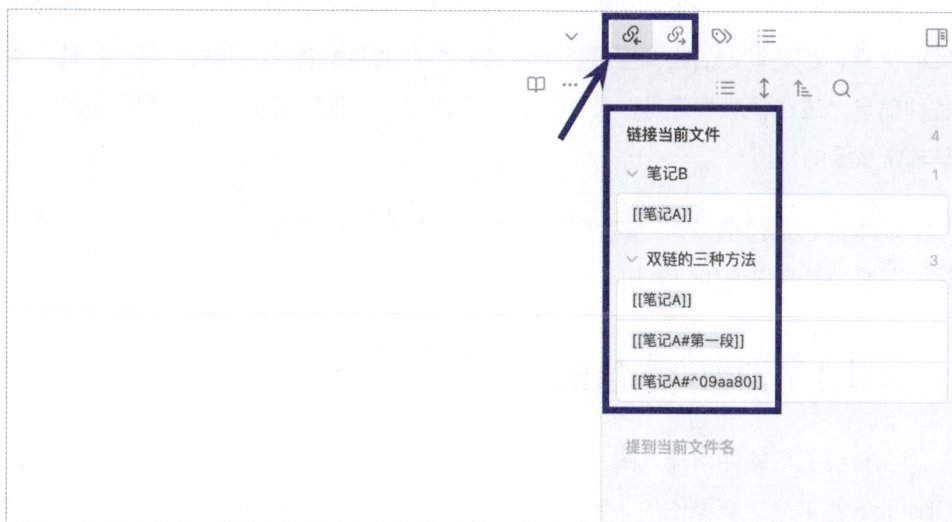

图 1.6.10

通过这样的方法，我们就能很清楚地看到这篇笔记和哪些笔记有关系。

掌握了这些关于笔记双链的全部知识之后，我们就可以自由自在地把有关联的内容链接到一起，再搭配本书后面介绍的 GAP 三层笔记法，可充分激活你的笔记，让每一篇笔记都能被找到、被用上。

本节总结

- 了解如何链接整篇笔记。
- 了解如何链接笔记中的一个段落。
- 了解如何链接段落中的一个块。
- 了解如何查看笔记链接。

第七节　嵌入多媒体，插入图片、视频及 PDF 文件

好用的笔记软件，除了可以写文字，还要能支持各种附件！图片、网页、视频、PDF 文件，都是笔记的重要组成部分。特别是在做知识管理的时候，第一步是收集各种信息，这些信息肯定是以各种载体形式出现的，所以能够支持多种类型的文件是非常重要的！

Obsidian 支持很多类型的附件，方便我们直接将内容拖动到软件中进行查看。这一节我们就来说说如何添加和浏览附件。

1. 和其他笔记软件的区别

在传统笔记软件中插入图片，会直接将一个文件上传到笔记中的对应位置，但 Obsidian 并不是这样操作的。我们需要先创建一个文件夹来存储所有的附件，然后把这些附件引用到笔记中。

听起来是不是很复杂？怎么简单的插入附件的操作变成了两个动作？

因为这样的操作可以让我们更自由地控制附件。在这个设置好的附件文件夹中能找到所有附件，而且一个附件可以被反复放到不同的笔记中，重复利用。

目前 Obsidian 支持的附件类型如下：

- 图片：支持常见的图片格式，如 JPG、PNG。
- 视频：支持 MP4 格式。
- PDF 文件：可以直接插入 PDF 文件进行阅读和查看。
- 音频：支持音频文件的插入，适用于插入语音记录、播客等音频文件。

接下来我们说说应该怎么设置附件文件夹。

2. 设置附件文件夹

为了更好地管理附件，不让这些文件在整个仓库中随意放置，我建议大家设置一个专门的附件文件夹来存储所有附件。

首先，单击主页上的新建文件夹按钮，添加一个新文件夹，名字可以叫作"附件文件夹"，或者其他你喜欢的名字，如图 1.7.1 所示。

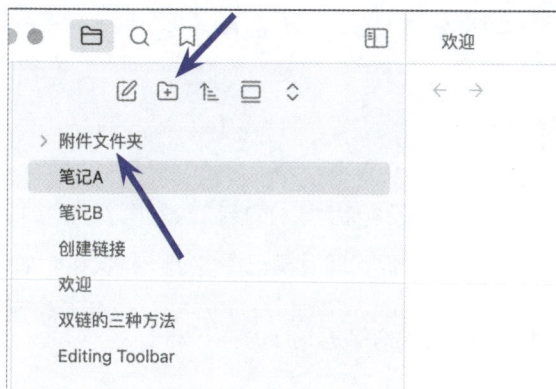

图 1.7.1

接着，可以在设置界面的"文件与链接"项中找到"附件默认存放路径"。

在这里选择"指定的附件文件夹"项，选择刚才设置的"附件文件夹"，如图 1.7.2 所示。

图 1.7.2

这样设置好后，所有的附件文件就会自动存放到这个文件夹中了。

3. 如何插入图片

设置好附件文件的存放位置后，就可以直接插入图片了。直接把图片拉到笔记中，会看到附件文件夹中多了一个文件，同时笔记中多了一行代码，如图 1.7.3 所示。

所有插入图片附件的代码结构都是一样的：

!\[\[图片地址 \]\]

代码中的 ! 表示预览。如果你把 ! 删掉，就不会显示图片，而是显示链接。

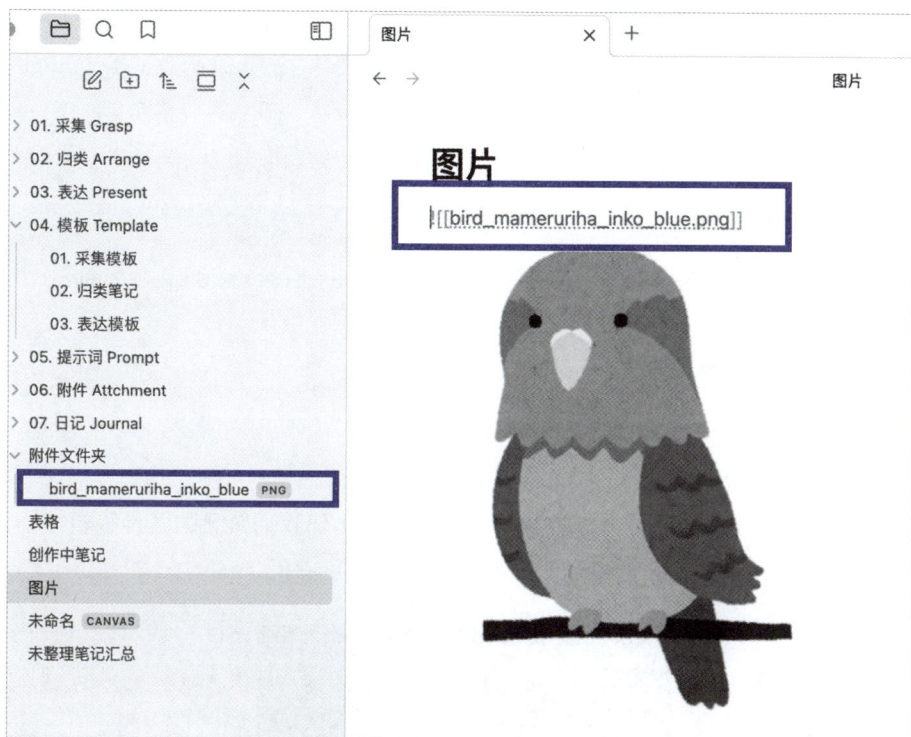

图 1.7.3

那么怎么调整图片大小呢？比较复杂的方法是在这一行地址后面，添加一个竖线 |，接着写入数字来调整，如图 1.7.4 所示。

图 1.7.4

如果用数字不好估算尺寸大小，可以安装一个插件——Image Toolkit，插件下载页面如图 1.7.5 所示。

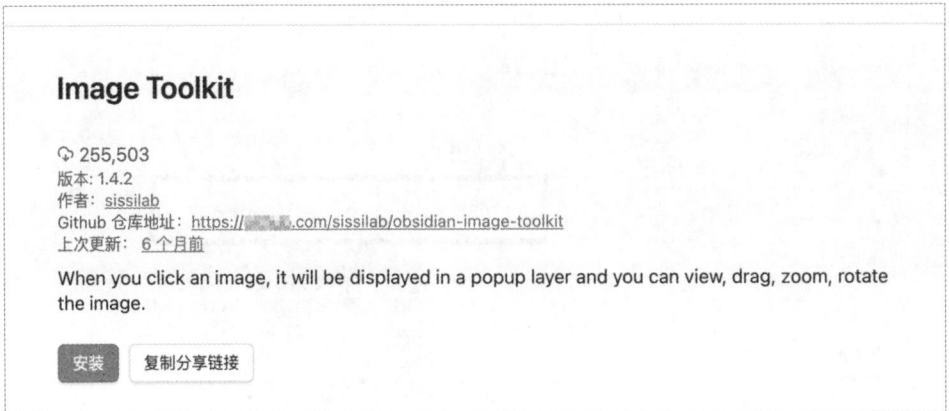

Image Toolkit

☁ 255,503
版本: 1.4.2
作者：sissilab
Github 仓库地址：https://████.com/sissilab/obsidian-image-toolkit
上次更新：6 个月前

When you click an image, it will be displayed in a popup layer and you can view, drag, zoom, rotate the image.

安装　　复制分享链接

图 1.7.5

安装好这个插件之后，就能在单击图片之后，出现我们熟悉的各种编辑按钮，如图 1.7.6 所示。使用按钮调整图片大小、方向，十分方便。

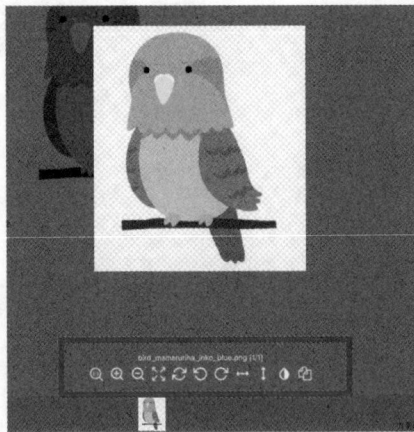

图 1.7.6

安装第三方插件的方法可以参阅第二章第二节的内容。

4. 如何插入视频

在 Obsidian 中，插入视频与插入图片的方法类似，可以直接将视频拖到 Obsidian 中。拖入之后会在附件文件夹中多出一个视频文件，笔记中也会多出一行代码，如图 1.7.7 所示。

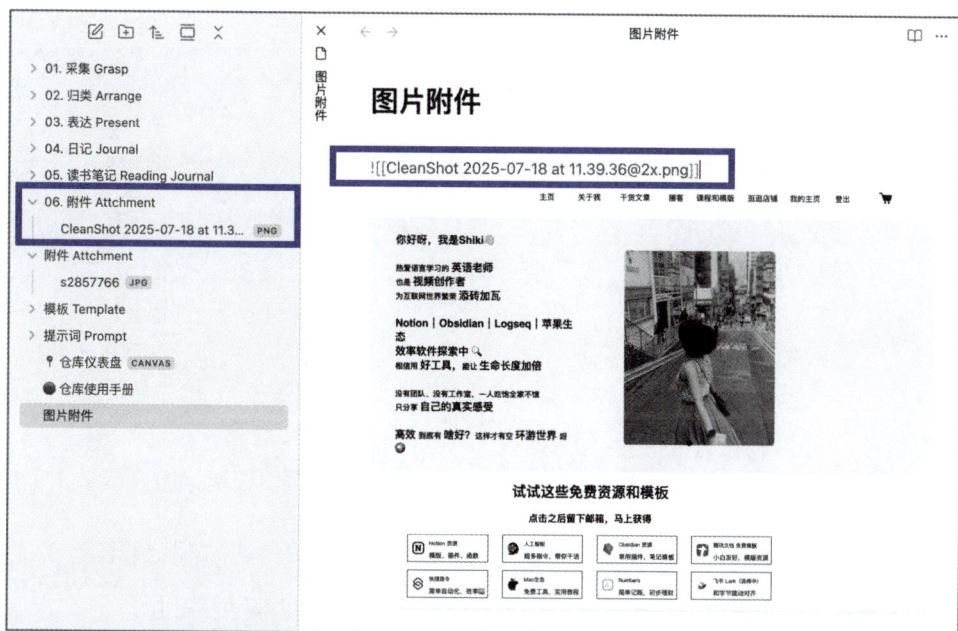

图 1.7.7

那么又应该怎么调整视频大小呢？太不幸了，目前还没有办法调整视频播放器的大小。

前面介绍的方法可以嵌入本地的视频，如果是网上的视频能直接放到 Obsidian 中吗？可以。只不过需要手动设置一下地址。

首先，将视频地址复制到浏览器中，如图 1.7.8 所示。

图 1.7.8

接着，到第三方插件市场下载一个名为 Convert url to preview（iframe）的插件，插件下载界面如图 1.7.9 所示。

Convert url to preview (iframe) 已安装

⬆ 83,244
版本：0.5.0 (当前已安装版本：0.5.0)
作者：FHachez
Github 仓库地址：https://██████.com/FHachez/obsidian-convert-url-to-iframe
上次更新：3 年前

Convert a URL (e.g. YouTube) into an iframe (preview).

启用   卸载   复制分享链接

图 1.7.9

下载、安装、启用这个插件后，所有的网页内容就都可以在笔记中显示了。

该插件的具体使用方法也很简单。先到笔记中粘贴好刚才复制的视频链接，然后在这个链接上单击鼠标右键，在弹出的菜单中选择图 1.7.10 所示的选项。

附件测试

https://www.bilibili.com/video/BV1o7xXEKQP······id_from=333.1007.tianma.2-3-6.click&vd_source=4d93b06a53e

查询 "https://www.bilibili.com…"

Open link in default browser

新增链接
新增外部链接

编辑链接
段落设置   >
插入   >
将所选内容移动到其他笔记中

剪切
复制
粘贴
以纯文本形式粘贴
全选

复制链接

查找 "https://www.bilibili.com…"

Color Text
Remove Color
Url to Preview/Iframe

图 1.7.10

再查看一下配置（主要是选择好尺寸），单击"OK"按钮，就能在笔记中看到视频了，如图 1.7.11 所示。

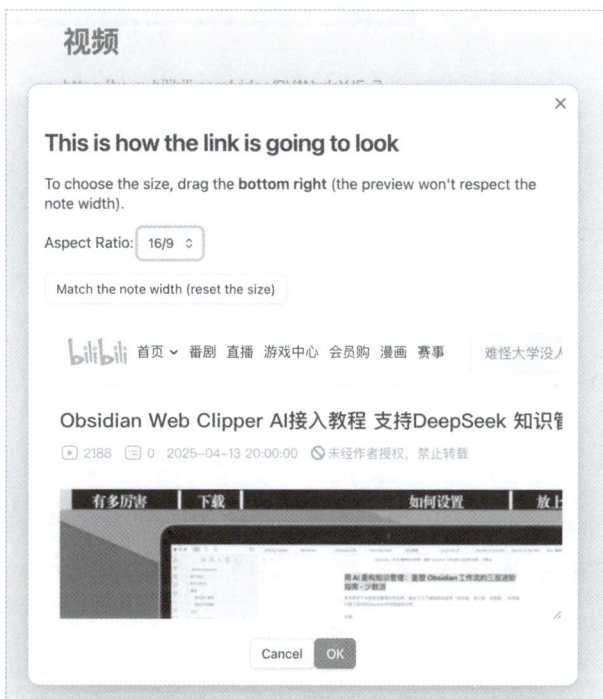

图 1.7.11

5. 如何插入 PDF 文件

解决了视频和图片的插入问题，再来说说文字部分的内容。在 Obsidian 中可以直接浏览 PDF 文件，但是不能直接浏览 Word、Excel 文件。导入 PDF 文件比较方便，和载入本地图片的方法一样，直接把本地的 PDF 文件拖到软件中即可。

将 PDF 文件拖到笔记中后，会在附件文件夹中看到一个新的 PDF 文件，在笔记中会看到一串路径，如图 1.7.12 所示，这样就能在笔记中浏览 PDF 文件了。

如果想有更好的 PDF 文件浏览体验，比如进行批注、勾画等，就需要搭配第三方插件了。感兴趣的朋友可以试试 PDF++ 这个插件，插件下载页面如图 1.7.13 所示。这款插件在应用商店中的下载量名列前茅，非常好用！

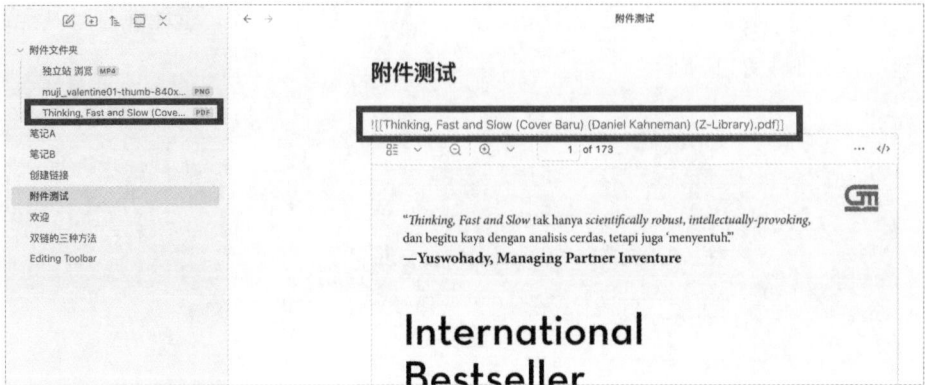

图 1.7.12

图 1.7.13

关于 PDF++ 这个插件，在我的公众号中有基础教程，可以扫码查看这篇文章。

通过上面介绍的方法，在我们的笔记中已经能插入很多素材了，笔记变得更加生动丰富了。

6. 常见问题

（1）附件文件夹中的文件太多，会不会拖慢软件运行的速度？

是的。如果附件文件夹中放了太多文件，会让 Obsidian 变得比较慢，但有以下两个处理办法：

- 一个是及时清空笔记中不再使用的附件，这里可以用第三方插件 Clear Unused Images 帮忙查找，插件下载页面如图 1.7.14 所示。

  下载、安装、启动插件后，单击图 1.7.15 所示的这个按钮就能删除笔记中没被使用的图片。

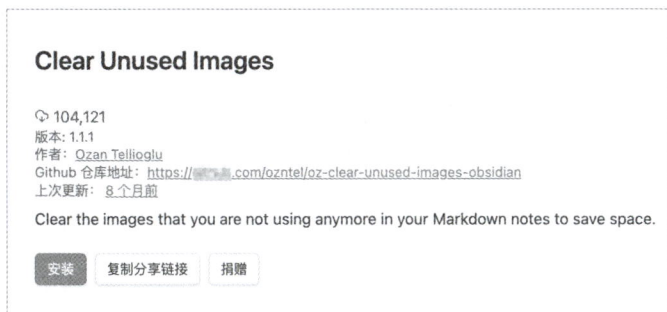

图 1.7.14

图 1.7.15

- 另一个方法是使用图床功能，即把图片放到网上，用链接的方法把图片链接到笔记中显示，这样能大大降低仓库的压力。只是配置稍微复杂一些，可以在网上搜索关键字"Obsidian 图床"来了解相关配置方法。

（2）Obsidian 只能阅读本地 PDF 文件吗，可以阅读及批注网上的 PDF 文件吗？

当然可以，用 PDF++ 这个插件就能实现。

本节总结

- 了解 Obsidian 存储附件的逻辑。
- 了解设置附件文件夹的方法。
- 了解插入图片的方法。
- 了解插入视频的方法。
- 了解插入 PDF 文件的方法。

第八节　导出及备份技巧，保护你的知识资产

现在我们已经搞懂了怎么用 Obsidian 来写作基本的笔记，那么笔记怎么导出并发送给别人，另外，应该怎样做好备份，以免同步的云盘崩溃，所有笔记都找不到呢？

这一节我们就来说说怎么做好导出和备份工作。

1. 如何导出单个笔记

因为 Obsidian 的笔记都是 Markdown 格式的文件，按道理来说，不需要导出某个笔记，直接在 Obsidian 的仓库中就能找到每一个笔记，如图 1.8.1 所示。

名称	^	修改日期	大小	种类
"工匠精神"融入高职英语课程思政教学设计.md		2024年1月13日 17:57	4 KB	文稿
【Notion 免费模版】超强时间管理模板 一键记录效率爆增.md		2024年9月25日 11:06	3 KB	文稿
【Notion 免费模版】最聪明实用的日记本 复盘超轻松.md		2024年7月13日 16:26	3 KB	文稿
2. 不同 iPad 型号之间的区别.md		2024年1月28日 09:36	3 KB	文稿
3 款适合个人和小团队的 CRM 管理系统 飞书 腾讯文档 Notion.md		2024年11月17日 10:04	5 KB	文稿
3 年用户推荐 Obsidian 你一定要装的 7 大插件.md		2025年1月25日 02:04	6 KB	文稿
4 级必过！Notion 复习冲刺包.md		2024年4月13日 19:31	6 KB	文稿
9 种角度超方便 轻便好用 iPad 保护壳.md		2024年4月20日 16:19	2 KB	文稿
10 个在线表格小技巧 颠覆对表格的认知 让你效率翻倍.md		2024年9月19日 00:02	6 KB	文稿
20 个购买原因.md		2024年1月13日 13:16	108 字节	文稿
25w 粉兼职知识管理博主 在怎么用软件工具生产.md		2025年2月13日 22:10	7 KB	文稿
26. CollaNote 教程 2022.md		2024年1月28日 09:36	2 KB	文稿
28. 备忘录更新教程.md		2024年1月28日 09:36	3 KB	文稿
29. nebo 教程 202212.md		2024年1月28日 09:36	2 KB	文稿
30 天起号进度表 做号之路从这里开始.md		2024年1月14日 19:51	4 KB	文稿
2000+ 客户 我用这个客户管理系统.md		2025年3月9日 20:42	2 KB	文稿
2023 手账本.md		2023年10月7日 21:03	6 KB	文稿
2023 年 iPad 上还有什么免费笔记软件.md		2023年10月7日 21:03	4 KB	文稿
2023 年 Notion 的神级好用更新.md		2023年12月22日 20:09	7 KB	文稿
2023 年复盘 学会 Notion 第一年，帮我赚了六位数，来到了新世界.md		2024年7月13日 16:26	8 KB	文稿
2023 年上半年 6 本英语原文书推荐 充满能量迎接下半年.md		2024年9月25日 11:06	8 KB	文稿
2023 年 notability 最新教程.md		2024年1月28日 09:36	2 KB	文稿
2024 过半 这个记账系统让我赚到钱了.md		2024年8月30日 02:26	5 KB	文稿
2024 年 Obsidian10 大好用更新.md		2025年1月22日 23:59	5 KB	文稿
2024 年 6 月 7 日 Obsidian 重大更新.md		2024年6月23日 16:39	5 KB	文稿
2025 全智能记账系统 现金流 还款提醒 使用方法.md		2024年12月28日 00:35	9 KB	文稿
2025 Notion 新功能 终于和苹果日历 完美双向同步了.md		2025年3月26日 20:28	4 KB	文稿

图 1.8.1

在仓库中找到笔记文件之后，就能直接发送给别人了。但这样做的缺点是，Markdown 格式的文件没有样式，如果对方没有安装 Obsidian，那么打开纯文本则

不易阅读，如图 1.8.2 所示。

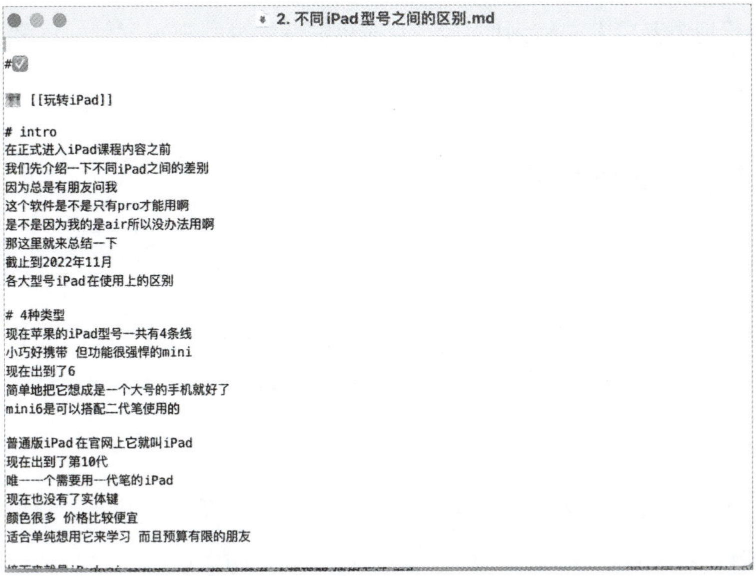

图 1.8.2

那我们怎样才能把有样式的笔记漂漂亮亮地导出给别人呢？可以直接将笔记导出为 PDF 文件。步骤非常简单，打开想要导出的笔记，单击右上角的"三个点"图标，选择"导出为 PDF"项就可以了，如图 1.8.3 所示。

图 1.8.3

导出的内容和我们在编辑时看到的样式是一模一样的。

如果想把内容导出成 Word 文件，那么也推荐先导成 PDF 文件，再将 PDF 文件转成 Word 文件。

2. 如何导出整个仓库

如果想导出所有的笔记，该怎么做呢？

如果想从 Obsidian 换到其他的笔记软件（虽然这个概率比较小），这时就需要大批量导出了。大批量导出的方法也非常简单：将仓库中的所有笔记移到新的存放位置就行了。

Obsidian 真的是来去自由的笔记软件，使用的时候完全不用担心，如果有更好的笔记软件出现了，直接换一个使用就行了，没有任何限制。

3. 如何免费备份笔记

说完了导出，我们再来说说备份。

在使用笔记软件的过程中，难免会遇到云同步冲突导致笔记文件丢失，或者自己手误，把重要的笔记删掉的情况。无论使用何种笔记软件，都要做好备份。

你可能会问，之前都设置好了同步，还需要备份吗？答案是，当然需要！

同步的作用是让我们能够在各个平台上查看相同的内容，备份则是按照设定的时间，把某个时间点的笔记内容存储下来。如果哪天不小心编辑错了文章想要找回，就可以靠上一次备份的笔记来救命了。

在使用 Obsidian 的过程中，会把仓库放到某个云盘上，云盘是不带备份功能的，所以比较保险的方法是在本地电脑上做一个存储备份。

给 Obsidian 做备份的方法大致有两种，最简单的就是使用 Obsidian 自带的备份功能。

打开软件，在设置界面的"核心插件"项中，找到"文件恢复"功能，将其打开，如图 1.8.4 所示。

图 1.8.4

打开这个功能后，到设置界面的"文件恢复"项中，设置好你想要多久存储一次笔记快照，以及笔记快照要保存多久（保持默认也可以），如图 1.8.5 所示。

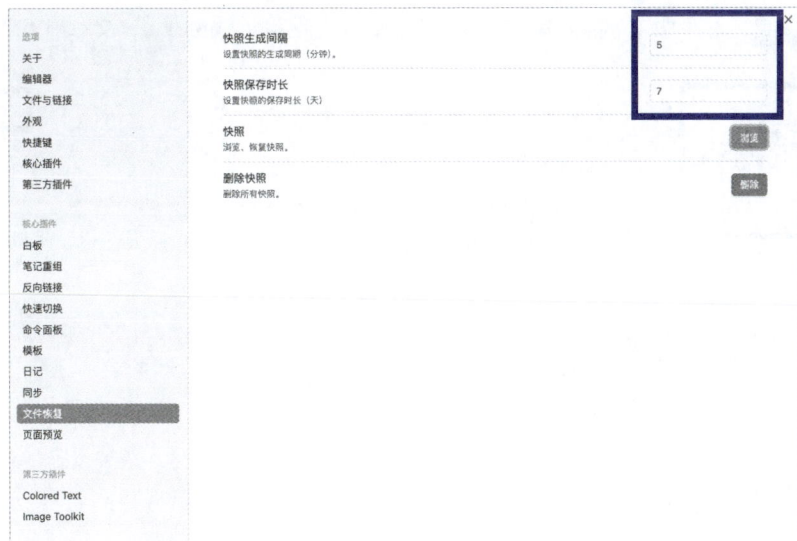

图 1.8.5

设置完成，如果你发现不小心把笔记改错了，或者有笔记找不到了，那么就到设置界面的"文件恢复"项中，选择浏览快照即可，如图 1.8.6 所示。

图 1.8.6

在左侧输入你想要找回的笔记名称，就能看到该笔记的很多历史版本。点开查看，选择要恢复的那个版本，然后单击"复制"，就可以把笔记找回来了，如图 1.8.7 所示。

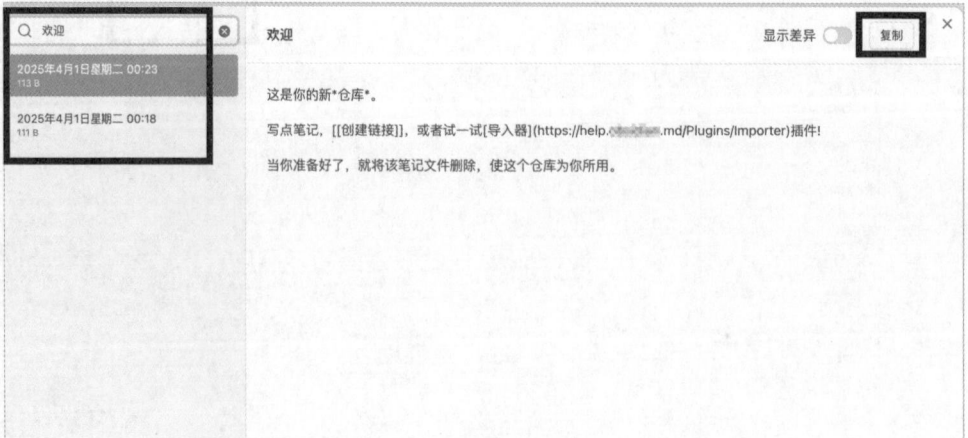

图 1.8.7

　　另外一种方法是用第三方插件来同步，推荐用 KopiaUI 插件来进行本地、NAS 网盘的同步，这个插件免费好用，具体的配置教程可以扫码在我的公众号中阅读。配置好之后，我们记笔记时就更加安心了。

本节总结

- 了解如何导出单个笔记。
- 了解如何导出所有笔记。
- 了解如何备份笔记。

本章总结　入门八步，搭建第一个知识库

　　恭喜你完成了本章的学习！我们已经完成了 Obsidian 的基础设置，正常写笔记应该没有大问题了。看到这里，你可能觉得 Obsidian 没什么特别的，除了双链功能，其他功能大部分笔记软件都有，没有大家说得那么神。

　　别着急，后面的内容会逐步深入，让你把 Obsidian 打造成自己想要的模样。

延伸学习

　　除了本书中介绍的基础设置，你还可以对软件的外观进行自定义设置。如果对这方面有需求的朋友可以在网上搜索"Obsidian 主题设置""Obsidian CSS 设置"，这两个功能主要是对外观进行优化，对记笔记的操作并不会有所不同。

第二章

Obsidian 进化：用插件和 AI 解锁潜能

第一节　Obsidian Web Clipper，网页内容一键剪藏

第二节　第三方插件指南，无限扩展功能

第三节　Dataview 插件入门，智能汇总笔记内容

第四节　Templater 模板插件，标准化你的笔记流程

第五节　AI 插件推荐，赋能笔记的智能化处理

本章总结　插件与 AI 结合，打造超级笔记工具

恭喜你完成了 Obsidian 基础内容的学习，你一定是一位学习欲望强烈的人。

现在你已经可以把 Obsidian 当作基础的笔记软件来使用了，而且还可以用强大的双链功能把相关笔记链接在一起，形成简单的知识网络。

但除了把笔记记下来，你一定还有一些其他的需求，比如，怎样快速找出某一类笔记、如何用模板快速生成笔记、如何把网页上的内容记录下来、如何让 AI 帮助我们处理笔记？

这些就是我们要在这一章要解决的问题。

第一节　Obsidian Web Clipper，
网页内容一键剪藏

很多朋友都知道记笔记的重要性，却不知道应该从哪里开始记起。其实最简单的方法，就是收集自己在网上看到的内容，放到笔记软件中，然后进行回顾、梳理、输出。本书后面介绍的 GAP 三层笔记法，也把采集信息作为知识管理的第一步。

那么用什么工具才能实现快速剪藏呢？市面上提供这种功能的软件有很多，我自己就体验过不下 5 款，功能各有长短。但如果要说哪一款和 Obsidian 最适配，那还得是官方的 Obsidian Web Clipper 插件。

这款插件完全免费，不仅可以把内容从网页上保存下来，还可以针对 Obsidian 做很多自定义设置，比如将不同的内容存放到不同的文件夹，以减轻后续信息整理的压力。同时，这个插件还能针对采集内容设计不同的模板，非常智能。它唯一的缺点是，必须要和浏览器搭配使用，对于小程序、App 中的内容，抓取效果没有那么好。

用插件把信息存储到 Obsidian 之后有什么好处呢？存储信息用浏览器的收藏夹不就行了吗？用收藏功能虽然方便，但若原网页失效就别无他法了。如果把信息抓取下来，那么就算原网页失效，我们也能在自己的笔记中看到，不怕丢失信息，所以我推荐把重要信息抓取下来存放在本地。

下面我们来看看 Obsidian Web Clipper 这款插件的下载、安装和使用方法。

1. 下载和安装

Obsidian Web Clipper 这款剪藏插件支持几乎所有主流的浏览器（Chrome、Safari、Firefox 等），在电脑上操作是最容易的。

在各大浏览器的插件市场中都能搜索到 Obsidian Web Clipper，如图 2.1.1 所示。

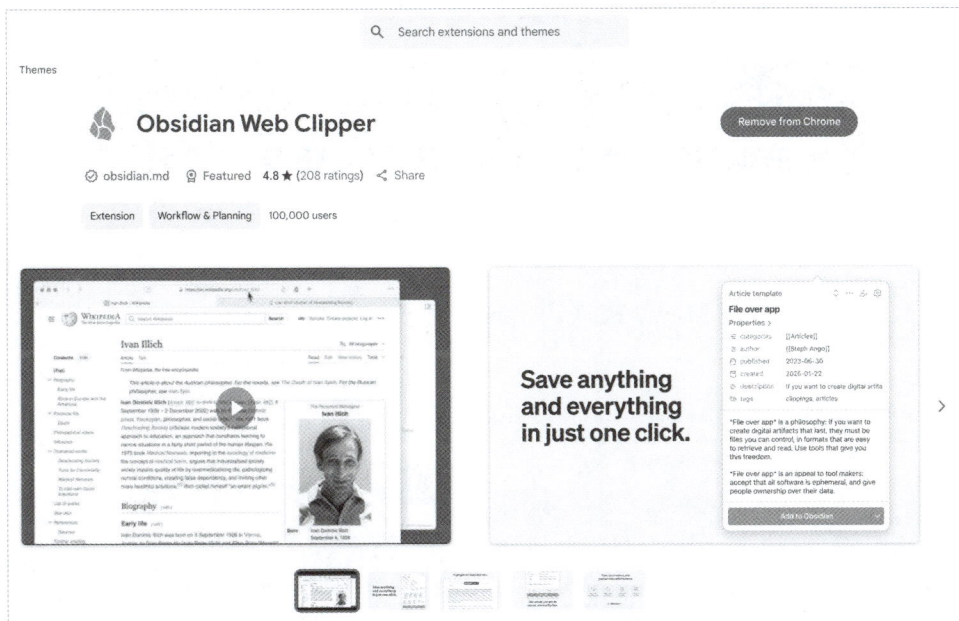

图 2.1.1

成功安装之后，能够在插件工具栏中看到 Obsidian Web Clipper 的图标，如图 2.1.2 所示。单击之后就能直接采集信息了。

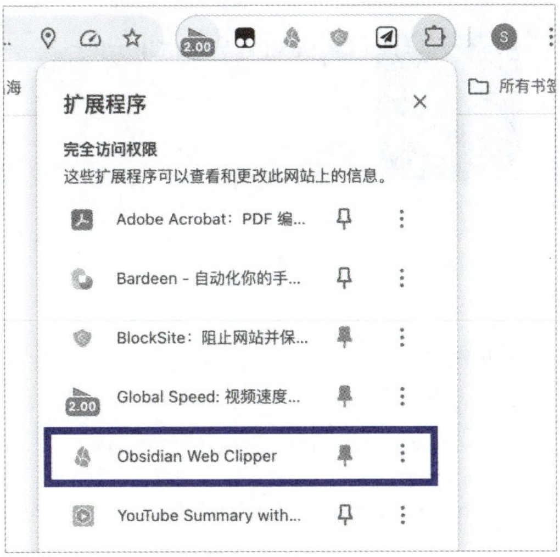

图 2.1.2

在安装有安卓系统的手机中，需要下载 Firefox 浏览器。然后到浏览器插件市场下载 Obsidian Web Clipper 插件，如图 2.1.3 所示。

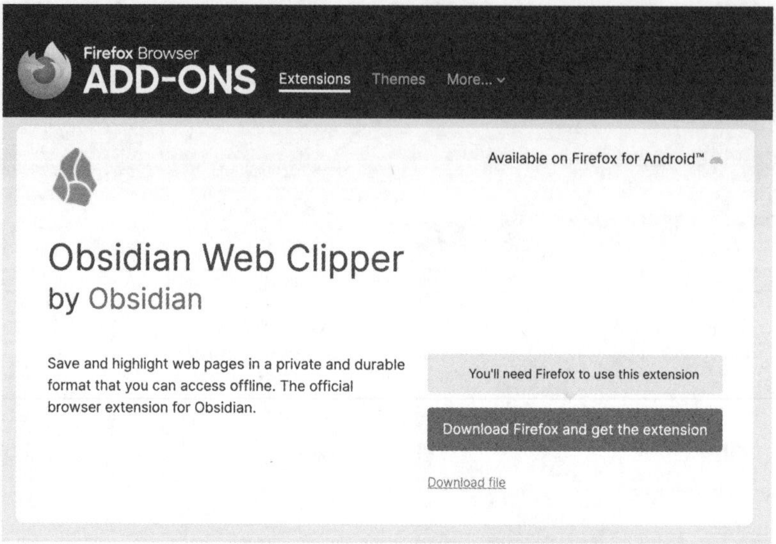

图 2.1.3

在苹果手机或 iPad 中，在 App Store 中直接搜索 Obsidian Web Clipper，并进行下载即可，如图 2.1.4 所示。

图 2.1.4

2. 如何剪藏

下载并安装好 Obsidian Web Clipper，保持 Obsidian 处于打开状态，我们就可以开始使用插件了。

看到任何想要记录的网页，直接单击插件图标，会弹出一个选项框，显示插件摘录到了哪些内容，如图 2.1.5 所示。

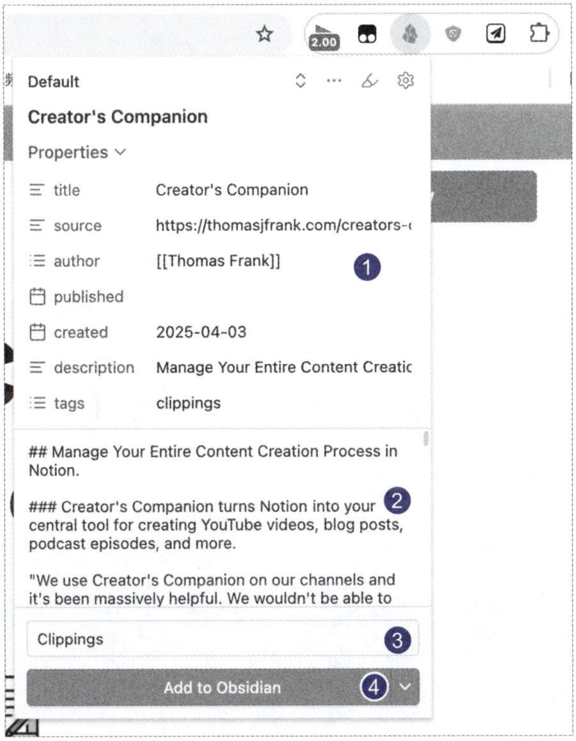

图 2.1.5

弹出的图 2.1.5 所示的这个选项框主要由四个部分组成，分别是：

① 笔记的属性区，包括网址、作者名称、创建时间、标签等。

② 笔记摘录区，可以进行修改。

③ 告知笔记被存放在哪个文件夹。

④ 单击 Add to Obsidian 按钮后，就会在目前打开的 Obsidian 仓库中看到这个收藏文件夹，以及存储下来的笔记，如图 2.1.6 所示。

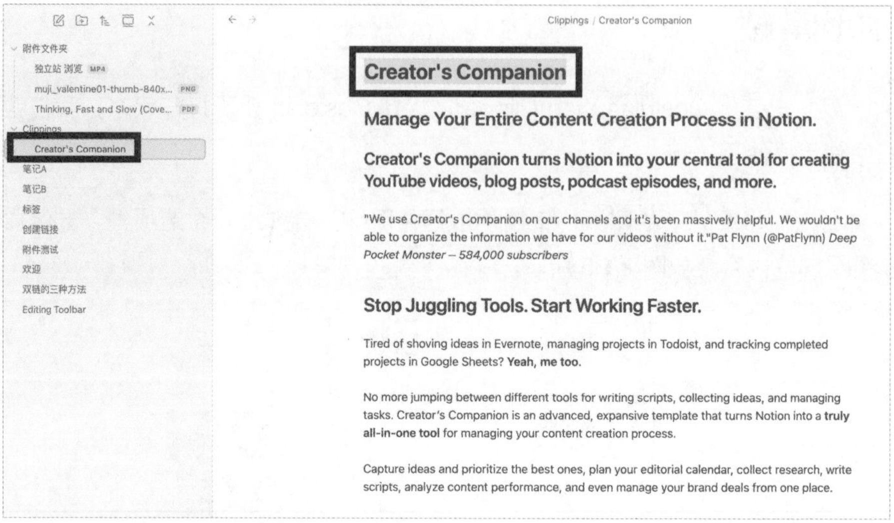

图 2.1.6

但这时你会看到，剪藏下来的内容并没有保存笔记的基本信息，比如作者、创建时间等，只有题目和文章正文。如果你剪藏下来的笔记也有这个问题，那么说明没有打开 Obsidian 的"属性列表"功能。在设置界面的"核心插件"项中打开"属性列表"项即可，如图 2.1.7 所示。

图 2.1.7

打开"属性列表"功能后，再去剪藏一次，你会发现笔记的基础信息被涵盖在其中了，如图 2.1.8 所示。

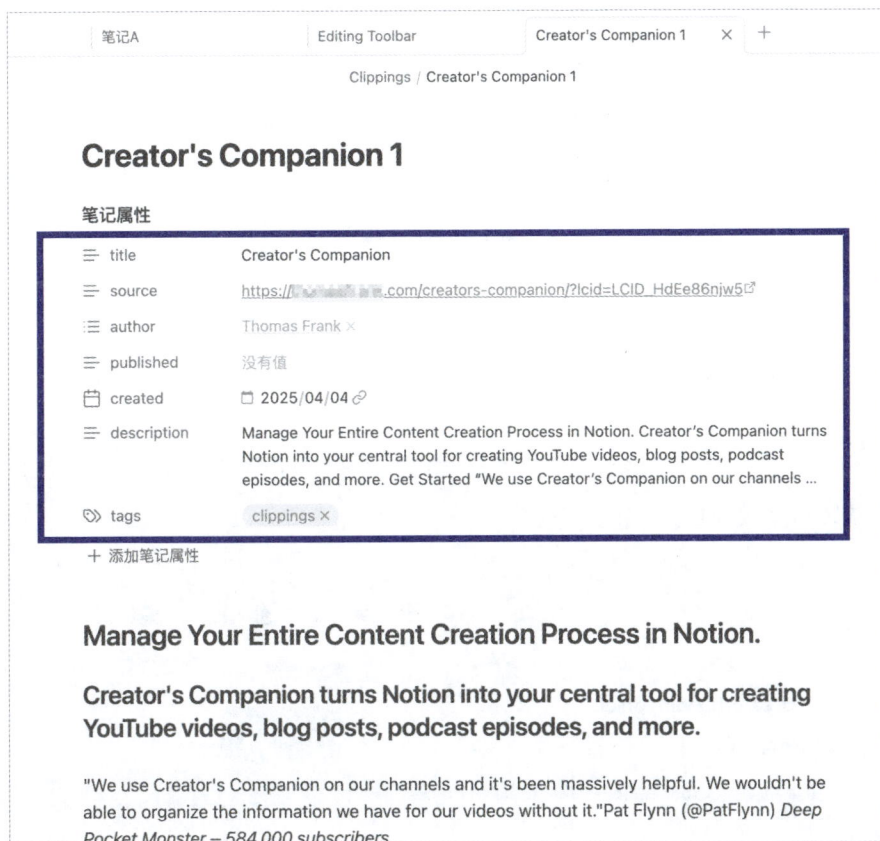

图 2.1.8

这个插件在手机上的使用方法与在电脑中的相似。在手机浏览器中运行插件，就能把内容投送到目前打开的 Obsidian 仓库中了，如图 2.1.9 所示。

这里要注意，因为每种浏览器运行插件的方法稍有不同，所以如果不知道应该怎样操作，可以在网上搜索一下在对应浏览器上运行插件的教程。

使用上述方法已经可以把很多重要的内容摘录下来了，但如果想让插件按照你的想法把不同的笔记投送到不同的文件夹，或者想在摘录的时候记录更多内容，那么可以进行自定义设置。

图 2.1.9

3. 自定义设置

想要自定义插件的功能，只需在点开插件的时候，选择图 2.1.10 所示的齿轮按钮，即可进入自定义页面。

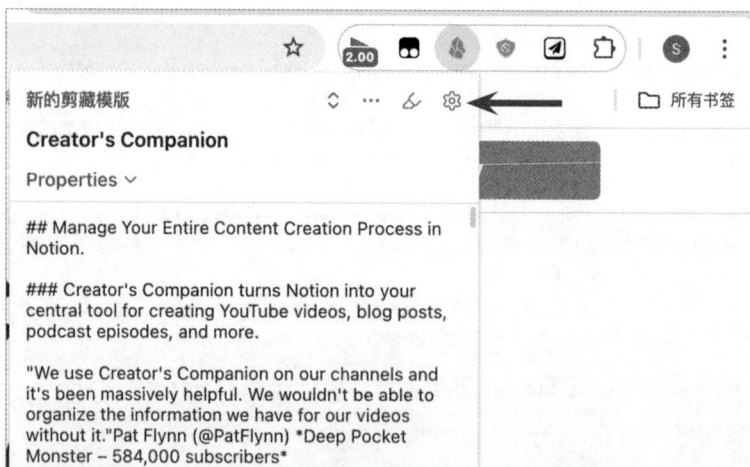

图 2.1.10

自定义页面分为两个部分，一部分是基础设置，另一部分是设置剪藏时的模板。基础设置部分不用进行什么调整，当你要使用 AI 功能时，我们再来这里设置。AI 功能的配置比较复杂，我把这部分内容放在了第三章第三节，建议先看完基础的自定义设置之后再进行 AI 配置。

这里我们配置一下不同的剪藏模板，这样就能在看到不同内容的时候用不同的样式去保存了。

单击 New template 按钮（见图 2.1.11）可以新建一个模板。

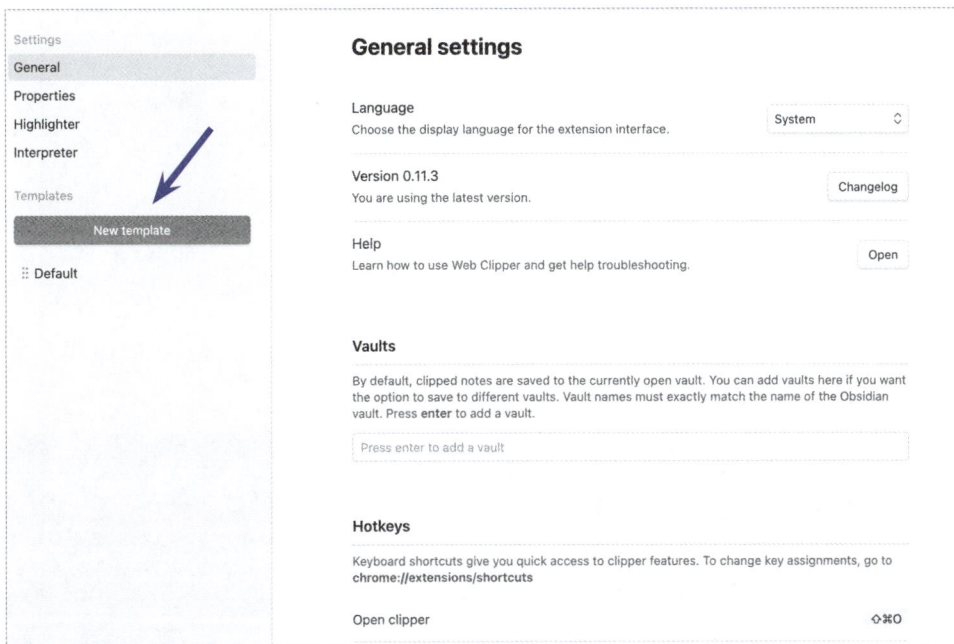

图 2.1.11

随后会弹出图 2.1.12 所示的界面，在这里可以设置自己的剪藏笔记模板，来看看都能进行哪些配置。

Template name：模板名字，可以取一个自己喜欢的。

Behavior：在这里设置剪藏的时候要怎么做？有下面这些选择。

- Create new note：新建一个笔记。
- Add to an existing note, at the bottom：添加到已有笔记的下方。
- Add to an existing note, at the top：添加到已有笔记的上方。
- Add to daily note, at the bottom：添加到每日记录页面的最下方。
- Add to daily note, at the top：添加到每日记录页面的最上方。
- Overwrite note：覆盖现在的笔记。

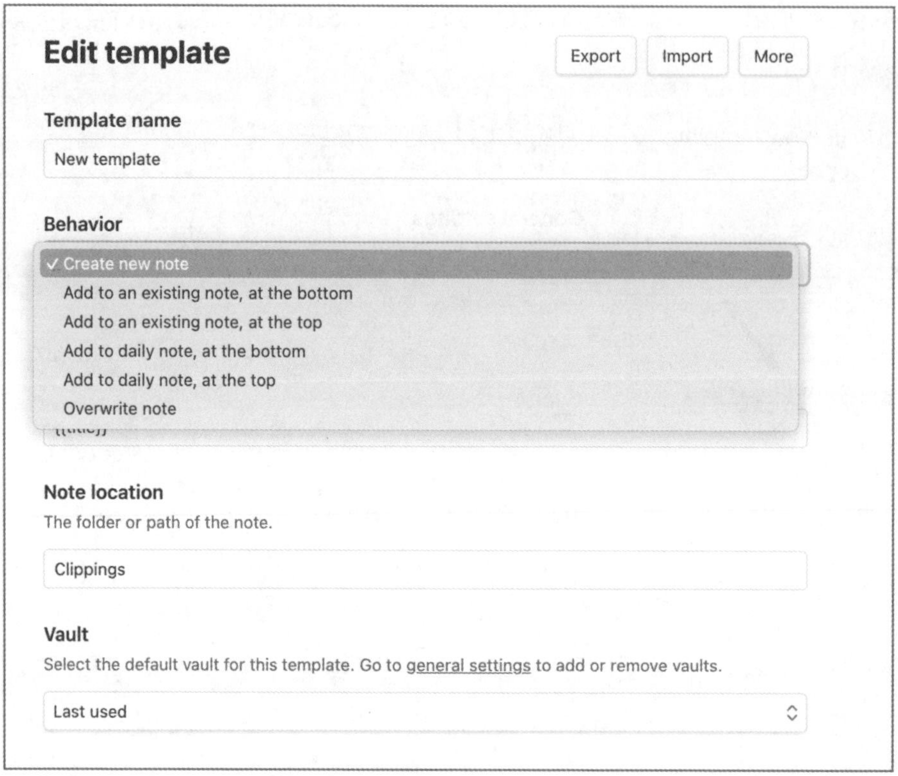

Edit template   Export   Import   More

Template name

New template

Behavior

✓ Create new note

Add to an existing note, at the bottom

Add to an existing note, at the top

Add to daily note, at the bottom

Add to daily note, at the top

Overwrite note

Note location

The folder or path of the note.

Clippings

Vault

Select the default vault for this template. Go to underline general settings to add or remove vaults.

Last used

图 2.1.12

Note location：将剪藏的笔记存储到哪个文件夹。如果你想指定保存的文件夹，输入文件夹的名字即可。按照本书后面介绍的 GAP 三层笔记法，我会把自己剪藏的所有内容都放到采集（Grasp）文件夹。

Vault：将剪藏的笔记存储到哪个仓库。这里默认是存储在上一次打开的仓库，也可以指定将使用这个模板的笔记存储到某个固定的仓库。

如果想将采集的笔记存储到不同的仓库，那么需要回到图 2.1.11 所示界面的 General 菜单中去设置。

在 Vaults 栏中输入仓库的名字后按回车键，可以预存多个仓库，如图 2.1.13 所示。

如果不想用这个仓库了，单击右边的"垃圾桶"图标将它删掉即可。

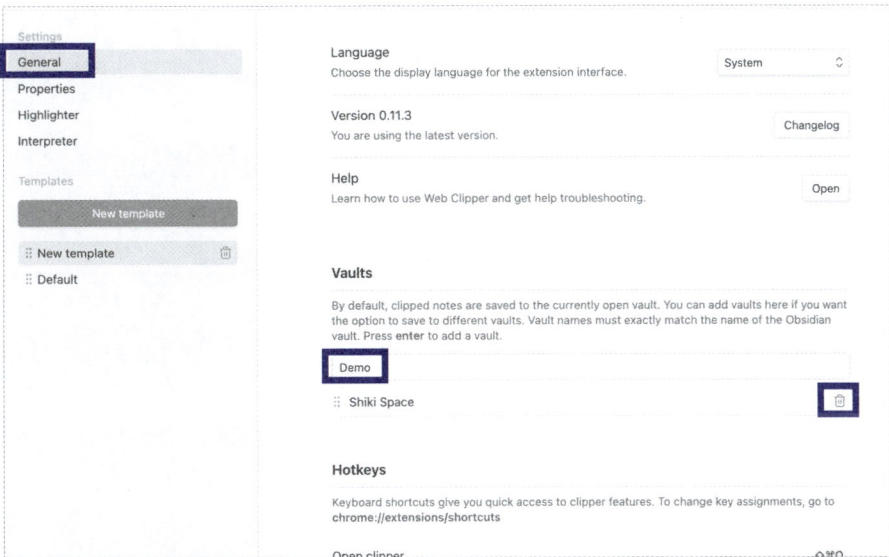

图 2.1.13

　　添加好仓库后，再到新创建的模板中时，Vault 下拉菜单中就有多个选择了，如图 2.1.14 所示。我们可以指定某个模板生成的剪藏笔记固定投送到哪个仓库，比如你用两个仓库分别记录工作和生活的笔记，那么就可以设置两个模板，与工作相关的笔记投送到工作仓库，与生活相关的笔记投送到生活仓库。

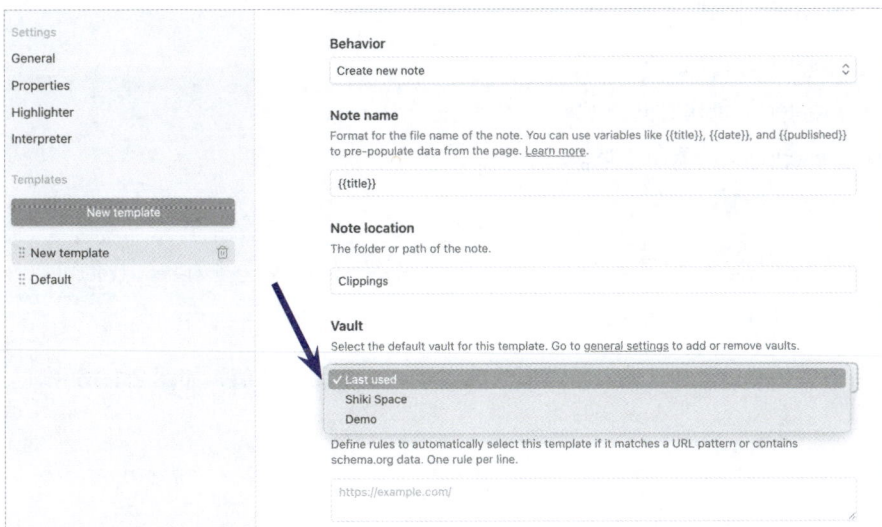

图 2.1.14

　　还可以设置在剪藏网页时，固定记录哪些属性。默认的笔记模板会自动帮我们抓取这些内容，如图 2.1.15 所示。

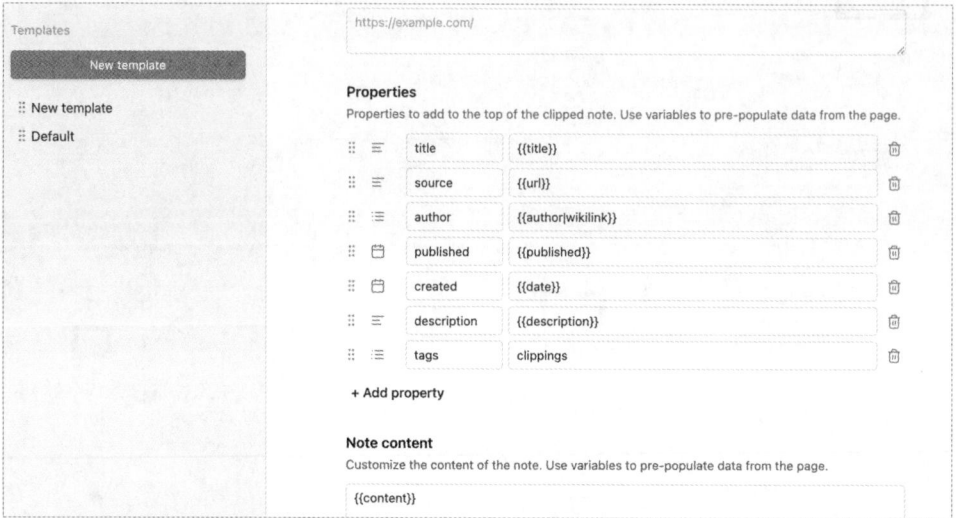

图 2.1.15

图 2.1.15 所示的界面中的各项含义如下所述。

- title：标题，默认是英文的，可以在新建的模板中进行调整。
- source：网址。
- author：作者。
- published：网页发布时间。
- created：创建时间。
- description：网页描述。
- tags：标签。

默认的属性名称都是英文的，而且可能你并不想记录这些内容，我们可以在新建的模板里对属性进行调整。

单击 Add property，输入新建属性的名字，以及属性的值，如图 2.1.16 所示。

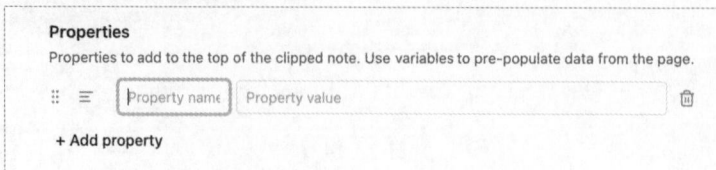

图 2.1.16

属性的名字（Property name）可以直接输入中文，比如名称、题目。

那后半部分属性的值（Property value）是什么呢？属性的值是插件可以自动抓取的内容，设置好属性的值能节约很多手动填写基础信息的时间。但这个值必须要用系统能识别的语言填写，比如想要抓取网页的标题，就必须要用 {{title}}。只有严格按照这个格式填写在 Property value 框中，系统才会自动抓取网页的标题。这里所有的字母、符号都必须用英文格式的。

Obsidian Web Clipper 可以自动抓取很多内容，下面是一个大致的列表。

- {{author}}：作者
- {{content}}：文章内容、高亮部分或选中的内容（Markdown 格式）
- {{contentHtml}}：文章内容、高亮部分或选中的内容（HTML 格式）
- {{date}}：摘录时间
- {{description}}：描述或摘要
- {{domain}}：域名
- {{favicon}}：网站图标的 URL
- {{fullHtml}}：整页内容的原始 HTML
- {{highlights}}：高亮内容，包含文本和时间戳
- {{image}}：转发时带上的图片 URL
- {{published}}：发布日期
- {{site}}：网站名称或发布者
- {{title}}：标题
- {{time}}：当前日期和时间
- {{url}}：网址
- {{words}}：字数统计

我比较在意的是标题、作者、摘录时间、网址，那么可按照图 2.1.17 所示添加这四项内容。

如果有的属性你想空着手动填写，那么就不要在名称后面填写值。这样每次剪藏的时候都可以手动录入信息，更加灵活。

Properties

Properties to add to the top of the clipped note. Use variables to pre-populate data from the page.

⠿ ☰	题目	{{title}}	🗑
⠿ ☰	作者	{{author}}	🗑
⠿ ☰	摘录时间	{{date}}	🗑
⠿ ☰	网址	{{url}}	🗑

+ Add property

图 2.1.17

　　这样我们就创建了一个新的模板。在剪藏笔记的时候，它可以将笔记自动存储在我们想要使用的文件夹、仓库，并且用已设置好的属性来记录信息，如图 2.1.18 所示。

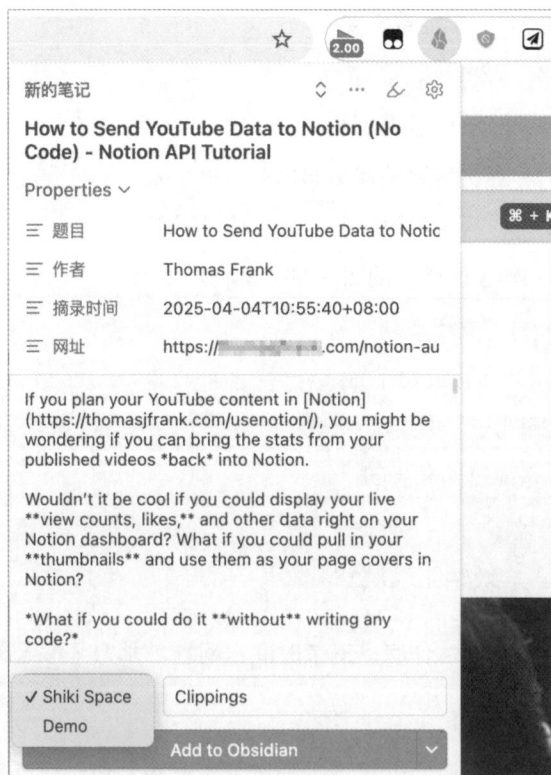

图 2.1.18

4. 如何存储小红书和公众号资源

Obsidian Web Clipper 是依托在网页浏览器上使用的，可能在小红书和公众号上用起来不是很方便，不过也有"曲线救国"的办法。

无论是在小红书还是公众号上，都有分享的功能。单击"分享"按钮后能看到"复制链接"选项（见图 2.1.19），把网址复制到浏览器中并打开页面，再用这个插件去收集信息就可以了。

图 2.1.19

但是像小红书这种以图文为主的内容剪藏起来还是很困难的，这时搭配其他专业的剪藏 App 使用会更好。如何选择剪藏工具在本书后面有详细的介绍。

如果你还想再前进一步，让插件带上 AI 功能在剪藏时自动总结内容，简化知识管理的录入过程，可以参阅第三章第三节的内容。

准备好了剪藏软件，我们的知识管理之旅就能正式起航了。

本节总结

- 了解安装 Obsidian Web Clipper 的方法。

- 了解使用 Obsidian Web Clipper 保存网页内容的方法。
- 了解设置自定义采集模板的方法。

第二节　第三方插件指南，无限扩展功能

我们大致介绍完了 Obsidian 的所有基础功能。你是不是觉得，Obsidian 好像没大家说的功能那么多啊，感觉和其他笔记软件也差不多？没错，其实 Obsidian 的基础功能并不复杂，要用它记笔记一点儿也不难，不过这并不是它的全部。

Obsidian 有非常开放的插件生态，所以我们可以用第三方插件来扩展出更多功能。网上有很多介绍 Obsidian 功能的视频，其实就是在介绍它的第三方插件。

第三方插件能做什么呢？

- 想要在不同的笔记上用不同的模板，可以使用插件 Templater。
- 想要在日历上看到笔记，知道自己这一天做了什么事，可以用插件 Calendar。
- 想要批注 PDF、做笔记摘录，可以用插件 PDF++。
- 想要统计每个文件夹中有多少个笔记，可以用 File Explorer Note Count。
- 想要用 AI 来管理、处理笔记，有很多 AI 插件在等你。

Obsidian 提供了一个开放的笔记平台，很多好心人开发了不错的插件，二者帮这个生态完成了更多功能。这样的开放性让 Obsidian 从一个普通的笔记软件，变成能够根据个人需求量身定制的知识管理工具。

不过这也带来了下面这些新问题。

1. 如何选择插件

现在 Obsidian 已经有超过 2000 个插件，想要找到适合自己的那一个，好像有点儿大海捞针的感觉。到底什么插件好用呢？

可以从两个角度进行选择，一个是我需要什么，另一个是别人推荐了什么。

开始，我们对插件没什么概念，不知道某个插件能做什么，只能看别人的推荐。可以先从大家推荐得比较多的插件中选择自己觉得有用的，试用一下。

使用一段时间后，就会对插件功能有一些了解，然后再决定是否继续使用。

但无论怎样，插件都不是越多越好。因为安装太多的插件会拖慢整个软件的加载及使用时的速度，特别是在手机上打开时会很慢。有的插件用起来也挺复杂的，笔记没记好反而增加了学习成本，得不偿失。我们需要先做加法，后做减法。

了解了插件的大致情况，我们来说说如何安装和管理插件。

2. 如何安装插件

在设置界面中找到"第三方插件"选项，关闭"安全模式"，再单击"社区插件市场"后面的"浏览"按钮，如图 2.2.1 所示。

图 2.2.1

　　这样就能进入第三方插件市场了。在这里可以看到所有的插件，搜索自己感兴趣的插件，选择好后即可下载并安装，如图 2.2.2 所示。

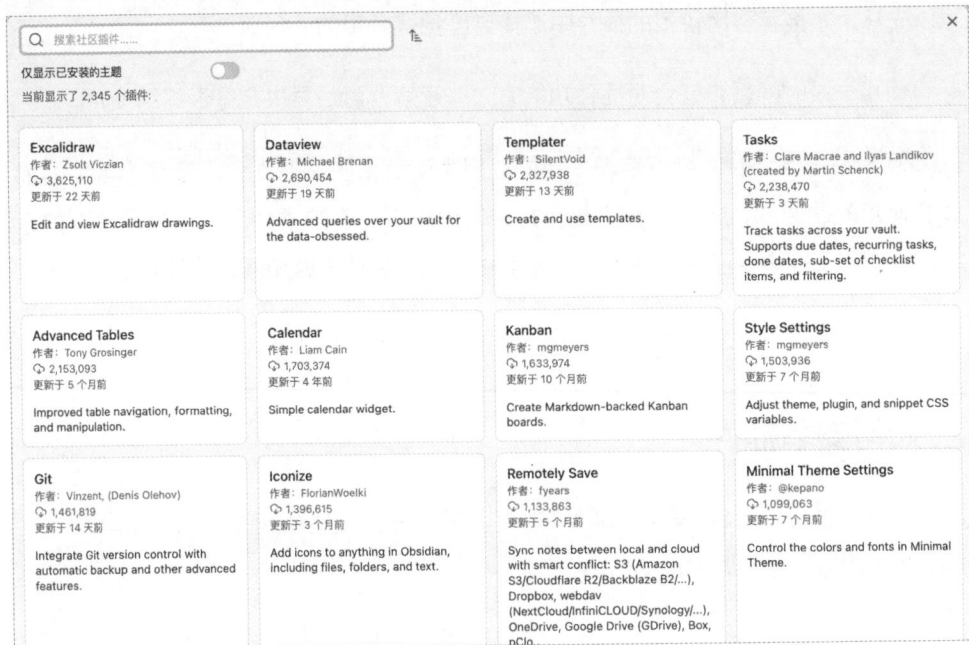

图 2.2.2

　　有时候因为网络的原因，你打开第三方插件市场时会显示"无法加载社区插件"，如图 2.2.3 所示。这是因为 Obsidian 的插件都放在海外服务器上，有时候不好打开。我们只能用其他的方法绕过海外服务器，把插件下载下来。这里我推荐一个很不错的国内插件——PKMer，它把所有的第三方插件都做了一些处理，使我们能够在 PKMer 这个插件中下载所有 Obsidian 的插件，这样就绕过了网络问题。

　　进入 PKMer 主页后可看到"下载"按钮，同时也有安装教程，跟着教程即可顺利安装和使用，如图 2.2.4 所示。

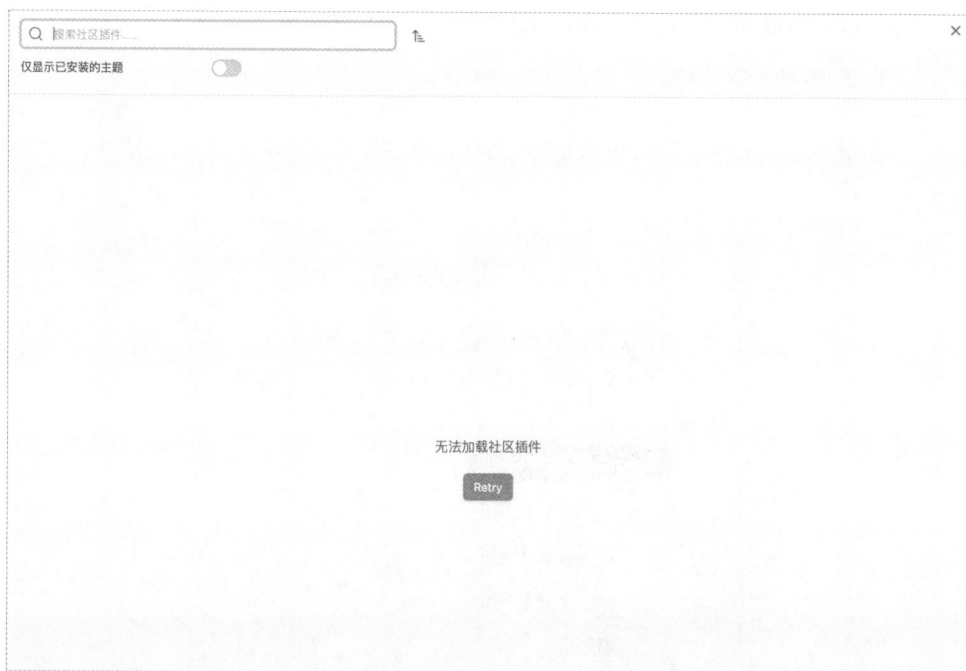

图 2.2.3

图 2.2.4

安装好 PKMer 插件后，我们再下载其他插件就不是到第三方插件市场中去下载了，而是在 PKMer 中下载。

单击侧边栏的 Open PKMer Market 图标，在这里登录然后下载其他插件，如图 2.2.5 所示。

图 2.2.5

通过这两种方式，就能把插件顺利地安装到自己的 Obsidian 中了。那么如何激活插件呢？

3. 如何查看、卸载插件

无论是在第三方插件市场还是在 PKMer 中下载插件后，许多插件是无法马上使用的，需要在设置界面的"第三方插件"中找到对应的插件，把"启用"按钮打开，才算是开启了这个插件，如图 2.2.6 所示。

有的插件下载下来，打开"启用"按钮之后就会自动运行，不需要做任何其他处理。如图 2.2.7 中的 Tag Wrangler，打开这个插件的开关之后会自动运行，没有任何需要设置的地方。但有的插件会有更多的操作项目，如图 2.2.7 中的 Templater，它的右侧有一个"齿轮"图标，单击该图标可以对这个插件进行进一步的设置。

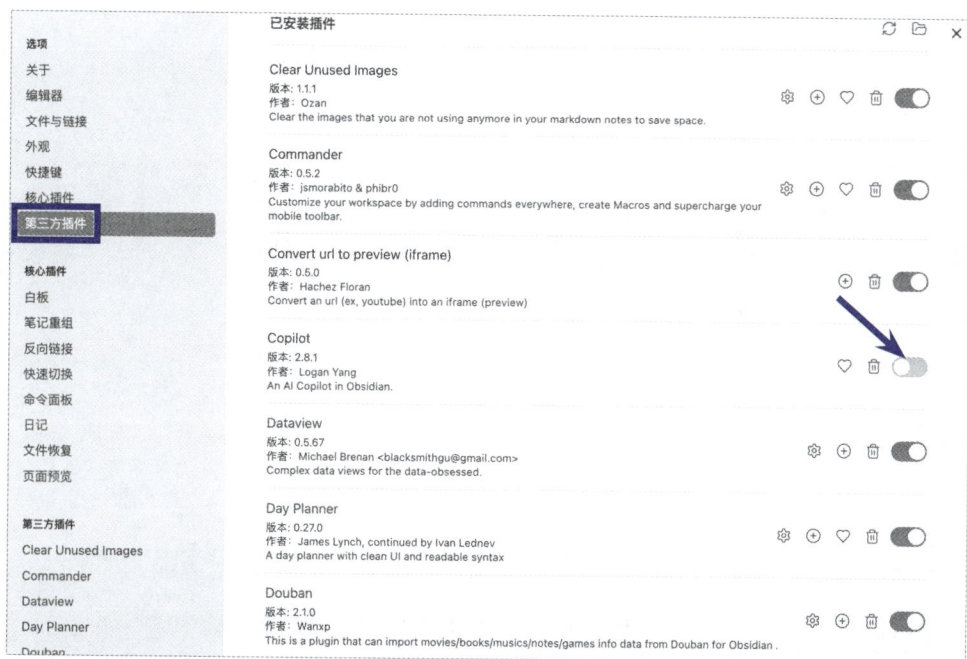

图 2.2.6

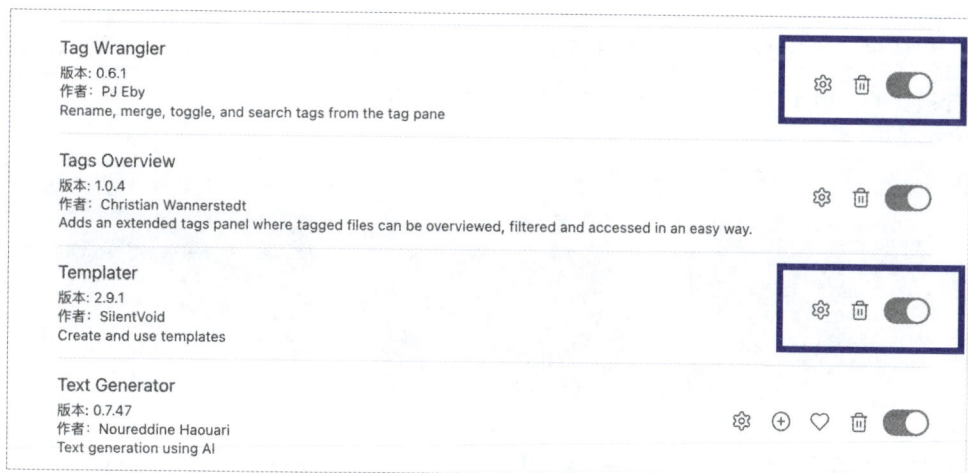

图 2.2.7

每个插件都有不同的用法，怎么才能知道应该怎么用呢？除了在网上找教程，还有一个更简单的方法，那就是看插件作者写的使用文档。

在 Obsidian 的官方插件市场中，点开插件的名字，就会出现一个 GitHub 仓库地址的链接，作者写的文档会存在这个位置，如图 2.2.8 所示。

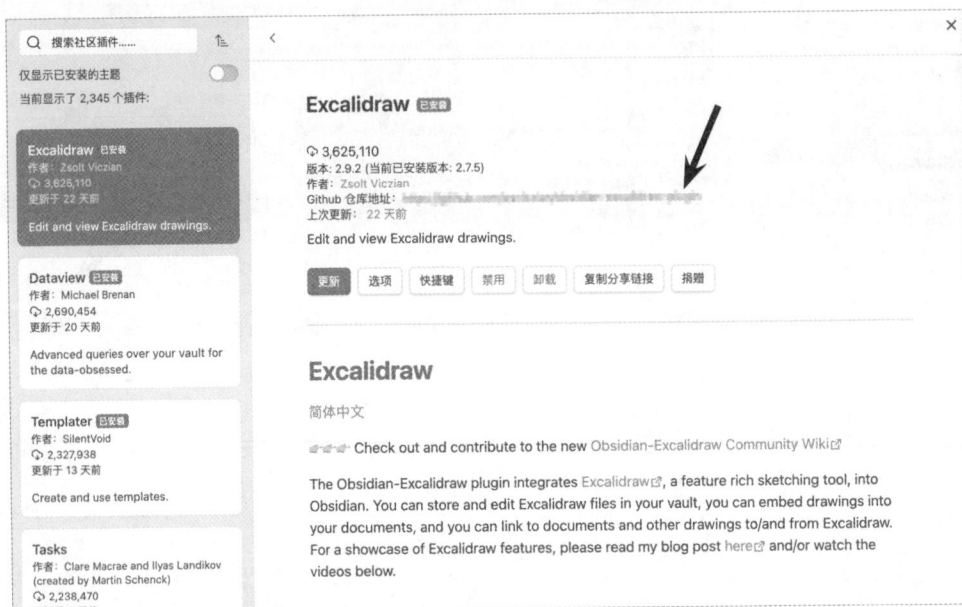

图 2.2.8

如果是用 PKMer 这个插件进行下载的，那么单击任意一个插件的作者名字，都会被自动带到作者写的开发文档的位置，如图 2.2.9 所示。

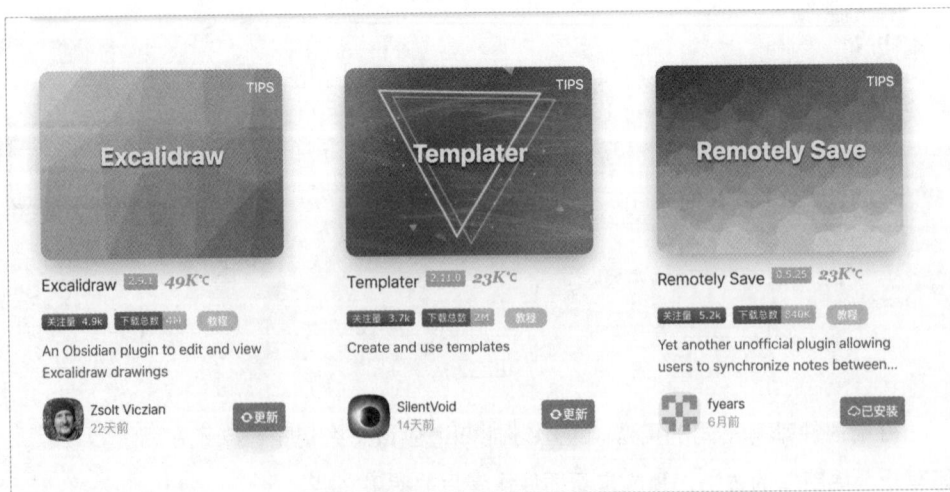

图 2.2.9

我学习插件用法的时候，一般会先看视频教程了解大致用法，然后看作者写的文档了解细节功能，两者结合起来学习就能较好地掌握一款插件的用法了。

如果下载了插件之后发现不是自己想要的，那么最好及时删掉。因为插件太多会影响软件的运行速度。卸载插件的方法也很简单，在设置界面中"第三方插件"项中，找到要卸载的插件，单击后面的"垃圾桶"图标即可，如图 2.2.10 所示。

图 2.2.10

了解了怎么样安装、设置、卸载插件之后，我们就打开了 Obsidian 的新世界大门，从此你拥有的不仅仅是一个笔记软件，还是一个知识管理工具。

接下来将介绍几款非常不错的插件，当然你也可以开始自己探索更多未知的世界，把 Obsidian 打造成只属于你自己的私人助理。

4. 常见问题

（1）插件都是免费的吗？

大部分插件都可免费使用，但是部分插件需要付费才能解锁完整功能。一般来说，购买链接会在插件下载页面中显示。

（2）插件界面都是英文的吗？插件怎么汉化？

大部分插件都是英文界面，页面中没有中文。不过有一个名为 i18N 的插件，它已经翻译了 300 多款插件，可以解决部分语言的问题。但是这个插件也有一个问题，就是它没有在官方的插件市场上架，需要先在网上搜索到安装包，手动安装到 Obsidian 中才行。

（3）插件作者停止更新了怎么办？

这确实是可能存在的问题，因为大部分插件是作者用爱发电的产物，所以暂停更新也是非常有可能的。如果插件太久不更新，就有可能不兼容最新版本的 Obsidian，导致无法使用的情况发生。如果真的发生这种情况，只能不使用最新版本的 Obsidian，保持在之前的旧版本中。

但我相信"一个插件倒下去，还会有千万个插件站起来！"一个插件停止维护了，肯定会有类似的或者更好用的插件被创造出来，所以不用太担心。

本节总结

- 了解什么是插件，插件在 Obsidian 中有什么用。
- 了解如何下载、安装、使用插件。

第三节   Dataview 插件入门，智能汇总笔记内容

虽然在 Obsidian 中，我们可以用双链、标签、文件夹等工具来让笔记相互链接起来，进行智能的提取，但这些操作都需要手动操作。

有没有什么办法，能让带上某个标签的笔记自动汇总到一个页面中？让同一天创建的笔记，自动汇总到当天的笔记下面？或者在一个页面中自动提取所有笔记中

的待办事项，让自己可以清楚地知道还有什么事情要做呢？

想要让笔记根据某个规则自动集合起来，需要用到这一节要介绍的第三方插件 Dataview。这款插件一直是插件市场中下载量最高的，十分好用。

虽然使用它有一点儿学习门槛，但学会之后，它能够帮你节约很多整理笔记的时间，因为笔记会按照你设想的逻辑自动汇总起来，可大大提高对笔记的整体掌控感。看完这一节你应该能掌握好该插件的基础用法，更深入的用法可以参阅作者提供的插件文档。

1. Dataview 能实现什么神操作

在介绍具体应该怎样设置 Dataview 之前，先展示一下我是怎么使用 Dataview 来帮助管理知识的。

我每天都会用 Obsidian 来写日记，在日记页面中就用 Dataview 做了两个自动提取的区域，如图 2.3.1 所示。

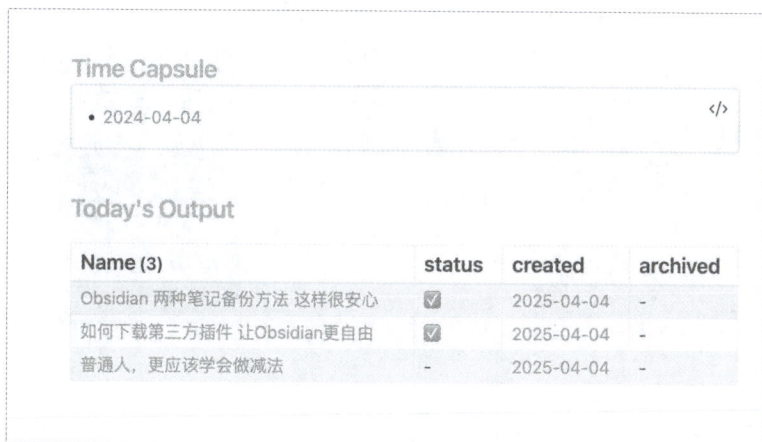

Time Capsule

- 2024-04-04

Today's Output

Name (3)	status	created	archived
Obsidian 两种笔记备份方法 这样很安心	☑	2025-04-04	-
如何下载第三方插件 让Obsidian更自由	☑	2025-04-04	-
普通人，更应该学会做减法	-	2025-04-04	-

图 2.3.1

Time Capsule：时空胶囊，用 Dataview 自动提取每年这一天的日记，可以看到自己在每年的这一天是怎样度过的，发现自己每一年的变化。

Today's Output：今日产出，用 Dataview 自动提取今天创建的所有笔记，方便查看自己每天的工作量。

除了写日记，我也用 Obsidian 做读书笔记。用 Dataview 可以很自然地把今年读的书自动汇集到一起，形成好看的年度读书笔记，如图 2.3.2 所示。

图 2.3.2

因为这些汇总都是自动进行的，所以不需要我在写完读书笔记之后，手动把它们关联到对应的年度汇总页面，省去了很多麻烦。

想要实现这样的效果，需要怎么设置呢？

2. 如何使用 Dataview

要想让 Dataview 帮我们自动提取笔记，有两个必要条件。

条件一：在笔记开始的位置，必须带有属性（在前面介绍官方剪藏软件 Obsidian Web Clipper 那一节中，介绍过属性相关的内容）。

条件二：要写一小段代码，告诉 Dataview 插件怎样根据属性或者其他条件来筛选笔记并进行汇总显示。

这两项内容在普通笔记软件中可能不会遇到，所以觉得陌生也很正常，容我慢慢讲清楚这是怎么回事。

在写笔记的时候，在笔记最上方，紧接着标题下面输入三个 -（英语输入法中的短横线），如图 2.3.3 所示。

图 2.3.3

当你输完三个短横线后，笔记下面就会多出笔记属性区域，如图 2.3.4 所示。

笔记属性到底是什么呢？比如在小红书中发帖子的时候，是不是会输入标题、内容、地点这些固定信息？输入的这些内容就是小红书笔记的笔记属性。只不过在发小红书内容的时候，我们无法选择自己要填写什么属性，后台程序员已经把这个内容全部写定了。

Obsidian 中的属性起着相同的作用，即人们希望每一篇笔记固定带上的内容。

图 2.3.4

在使用其他笔记软件的时候，属性都是固定的，不需要考虑这个问题，但在 Obsidian 中，我们有很大的自由度，无论是属性名称，还是属性内容都可以自己决定。

我比较喜欢用的属性有：创建时间、URL（链接）、一句话总结、tags、地点，如图 2.3.5 所示。

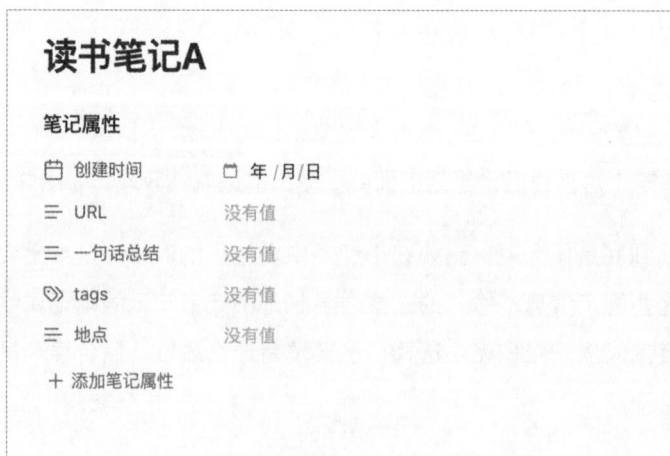

图 2.3.5

因为有了这些属性，所以可以让系统根据创建时间、tags、地点，来自动提取笔记。

在创建属性的时候要特别注意，我们在整个 Obsidian 仓库中，最好使用统一的属性命名方式，比如要记录笔记的创建时间，那么所有相关的属性都叫创建时间，不要一会儿是创建时间，一会儿是创建日期，这样在提取笔记的时候，就会因为属性名字不一样造成提取不完全的情况。

另外，属性有不同的类别。单击属性名称前面的图标可以看到有几种选项，如图 2.3.6 所示。

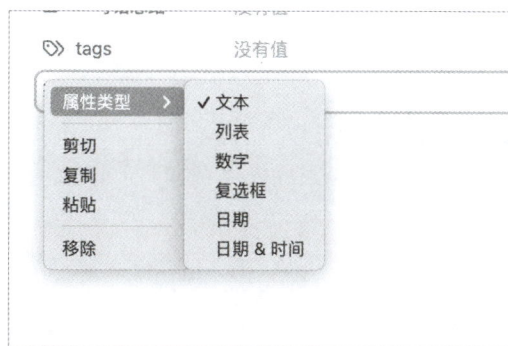

图 2.3.6

这里要认真选择，特别是日期这个属性的类型。如果想要实现上面说的功能——自动汇总当天新建的所有笔记——那么不能选这里的"日期"类型，要选择"文本"类型才可以。因为这样系统才能用创建时间的文本，去匹配日记的标题文本，如果一样就是同一天创建的，所以我几乎没有使用过"日期"这个属性类型。

如果你想在一个属性中记录多条内容，那么要选择列表类别。

另外，有一个比较特别的属性——tags（标签），它是 Obsidian 默认的标签属性，如图 2.3.7 所示。如果你想在属性的位置填写标签，就必须用这个默认设置的标签属性，而且不能修改这个属性的名字，否则你无法通过 # 来输入标签，就算输入了，系统也只会认为你输入了一个普通的 #。

图 2.3.7

除了官方的标签属性，其他所有的属性名字都是可以修改的。单击属性名称的位置，就能重新输入，如图 2.3.8 所示。

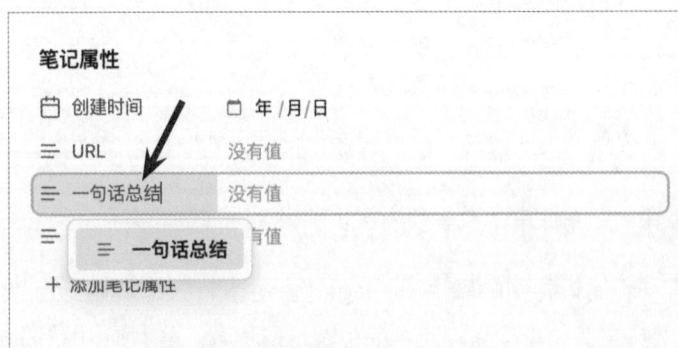

图 2.3.8

你可能会说，每篇笔记我都要写属性，那不是很麻烦？当然不用。在 Obsidian 中有非常好用的模板功能，可以把自己要用的属性存储在模板中，新建笔记的时候就能自动带上这些属性了。

至于模板怎么用，我们在下一节进行介绍。

现在你已经知道了如何为笔记添加属性，完成了使用 Dataview 来提取笔记的条件之一。接下来就是要写一小段代码，告诉插件根据什么规则来提取笔记。

我们先做一个最简单的，显示某个文件夹中的所有笔记。比如想要查看所有放在"读书笔记"文件夹中的笔记。Dataview 的提取代码如图 2.3.9 所示。

```dataview
table 一句话总结
from "读书笔记"
```

图 2.3.9

首先连续输入 3 个 ` 符号（在键盘上数字键 1 的左侧），再输入 dataview 来激活这个代码区域。在这个代码区域中，在第一行中输入想要让笔记呈现的样式。Dataview 一共支持 4 种样式，分别是 table（表格）、list（列表）、task（待办清单）和 calendar（日历）。

接着输入筛选条件。这里的 from 用来筛选是从哪个文件夹中提取，文件夹的名字要放在引号中。如果要筛选子文件夹中的内容，那么就用"读书笔记 / 教材"这样的形式。

还可以用 from 来筛选带有某个标签的笔记，以及用 where 来描述更精确的需求，比如地点是哪里、时间是哪天的笔记等。

了解了这些基础知识之后，图 2.3.9 所示的这段代码能生成什么样的列表呢？就是图 2.3.10 所示的样子。

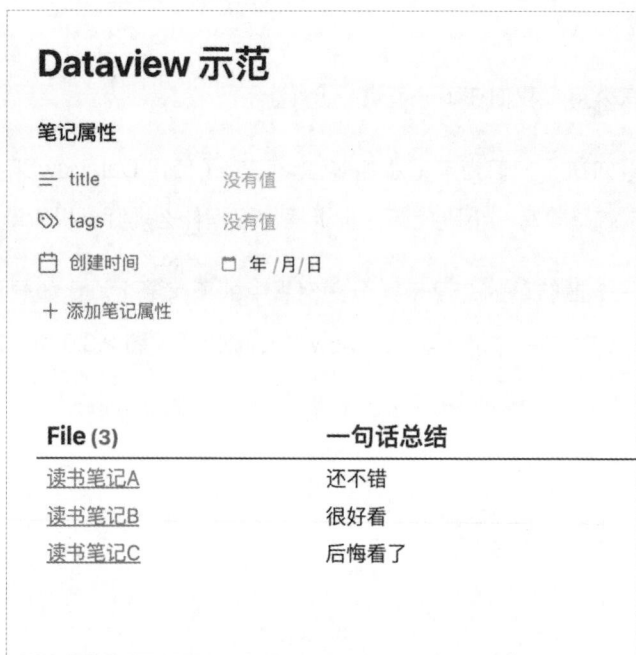

Dataview 示范

笔记属性

≡ title   没有值

◇ tags   没有值

🗓 创建时间   🗓 年 / 月 / 日

+ 添加笔记属性

File (3)	**一句话总结**
读书笔记A	还不错
读书笔记B	很好看
读书笔记C	后悔看了

图 2.3.10

这样就已经有一点儿提取年度读书笔记的感觉了吧。

如果你觉得表格看起来效果不好，把第一行的 table 换成 calendar，然后指定按照创建时间来显示结果。代码改成下述的样子：

```dataview
calendar 创建时间
from "读书笔记"
```

生成的日历样式如图 2.3.11 所示。此时变成了一个日历，能够看到在哪几天写过笔记。

写完这两段简单的代码之后，我们大概了解了 Dataview 的运行机制。

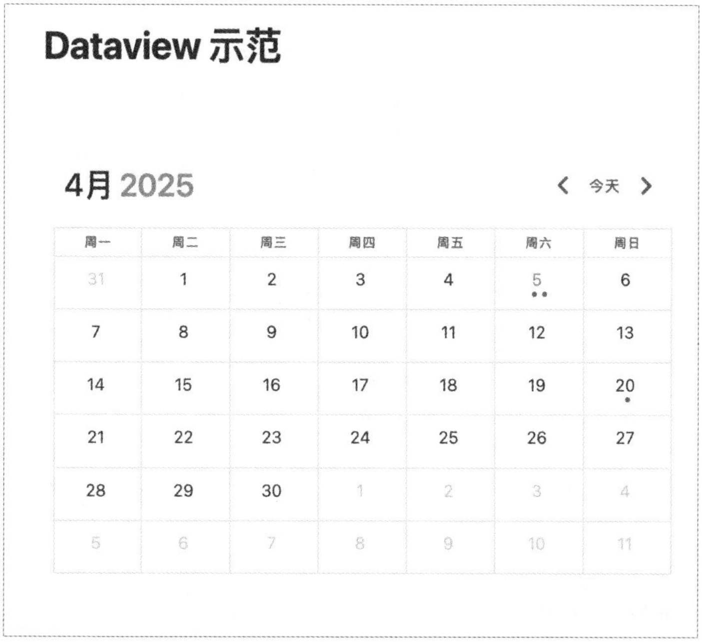

图 2.3.11

3. 生成年度读书笔记汇总表

我们的目标是自动提取今年看过的所有书，同时展示自己对这些书的一句话总结。

新建一个名为"读书笔记"的文件夹，同时在每个笔记中创建一个属性，名叫"一句话总结"。

Dataview 代码的写法如下：

```dataview
table 一句话总结
from "读书笔记"
```

效果如图 2.3.12 所示（左侧是提取代码，右侧是显示效果）。

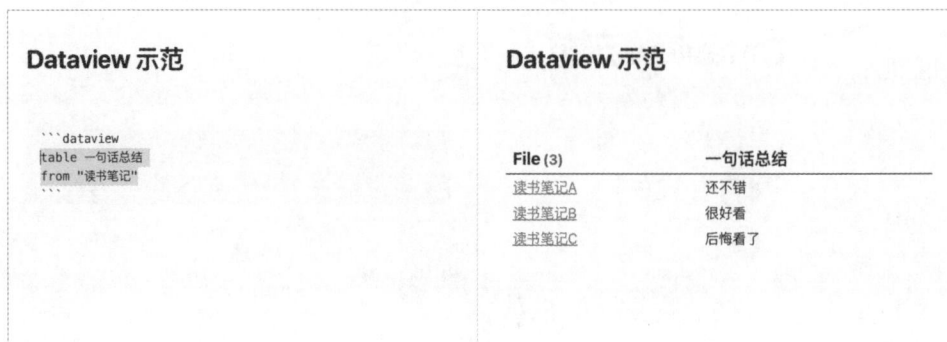

Dataview 示范

```dataview
table 一句话总结
from "读书笔记"
```

Dataview 示范

File (3)	一句话总结
读书笔记A	还不错
读书笔记B	很好看
读书笔记C	后悔看了

图 2.3.12

如果想给图书添加评分，那么可以在每一个读书笔记的属性中添加"评分"属性。然后在写每本书的读书笔记时，用星号标记评分，效果如图 2.3.13 所示。

读书笔记C

笔记属性

📅 创建时间	🗓 2025/04/05 🔗	
☰ URL	没有值	
☰ 一句话总结	**后悔看了**	
☰ 地点	没有值	
☰ 评分	⭐⭐	

＋ 添加笔记属性

图 2.3.13

添加完成这个属性，我们来修改提取的代码。在"一句话总结"后面加上"评分"属性，用半角逗号把两个属性连接起来，这样提取内容就会在一行以多列的形式显示了。效果如图 2.3.14 所示。

```dataview
table 一句话总结，评分
from "读书笔记"
```

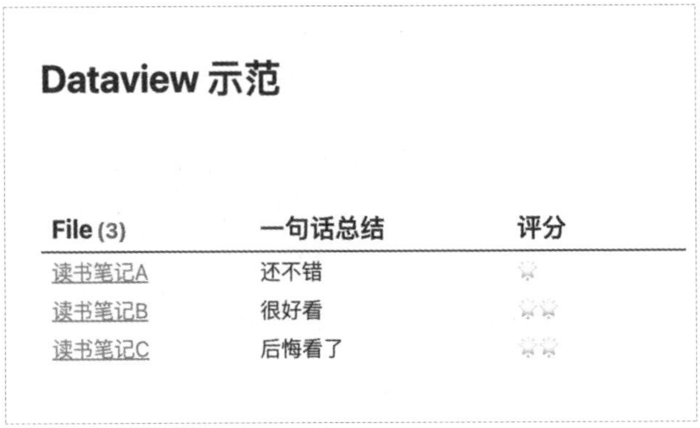

图 2.3.14

如果想要显示这本书的作者、出版社、出版时间等也用相同的方法，先到读书笔记的页面中添加好属性，接着再修改提取的代码就行了。

4. 列出带有某个标签的所有笔记

要想列出带有某个标签的所有笔记，需先在笔记中添加好标签（这里添加的是"#测试"这个标签），代码如下所示：

```dataview
list
from #测试
```

效果如图 2.3.15 所示。

图 2.3.15

这里没有用 table 的形式呈现，使用的是 list 列表形式。用列表形式提取出来的笔记，只显示笔记名字，不显示其他属性的内容，看起来比较清爽。

这种提取方法搭配本书后面介绍的 GAP 三层笔记法，能够快速查看哪些采集下来的笔记还没有整理，哪些正在酝酿和思考，对于理顺知识管理的流程很有用。

5. 如何汇总整个仓库中的所有待办事项

如果笔记中有待办事项，可以批量提取。图 2.3.16 所示的是一张待办清单，在仓库中还有很多其他待办清单，想将它们合在一起显示，以方便查看，如何用 Dataview 来实现呢？

Dataview 代码的写法如下所示：

```dataview
task
```

用这段简单的代码就能实现图 2.3.17 所示的效果。

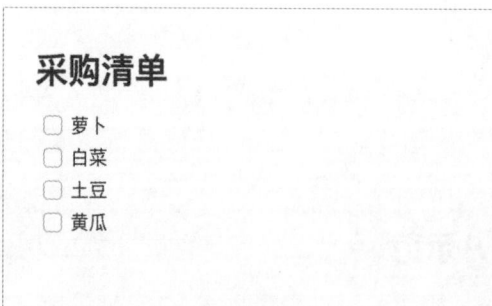

图 2.3.16

图 2.3.17

这样的代码有一个问题，做完的和没有做完的任务都会显示出来。我们要限定一下，让系统只显示没有做完的内容。代码如下：

```dataview
task
where !completed
```

where 的作用是限定更细致的条件，！代表不，completed 是完成的意思，所以 where !completed 的功能就是筛选还没有完成的任务。

这样调整之后，就会自动过滤掉已经完成的任务，清单看起来清爽了许多，如图 2.3.18 所示。

图 2.3.18

6. 如何在日历中显示笔记

要想在日历中显示笔记，需先在笔记中添加好时间类的属性，比如我的笔记中有一个名叫 "创建时间" 的日期属性。

用下面这段代码就能用日历视图显示自己在这个月的哪些天创建了几个笔记：

```dataview
calendar 创建时间
from "读书笔记"
```

效果如图 2.3.19 所示。

Dataview 示范

4月 2025

周一	周二	周三	周四	周五	周六	周日
31	1	2	3	4	5	6
7	8	9	10	11	12	13
14	15	16	17	18	19	20
21	22	23	24	25	26	27
28	29	30	1	2	3	4
5	6	7	8	9	10	11

图 2.3.19

在用 calendar 视图时稍微有点儿特别，因为首先要告诉系统以什么时间为准，所以必须在 "calendar" 之后跟上一个时间类型的属性。我在笔记中记录时间的属性都叫"创建时间"，所以在这里就带上了"创建时间"属性。如果你的笔记中有多个时间属性，就要选择一个来填写。

另外，使用 calendar 视图时，必须写上 from 指定来自哪个文件夹，这里选择的是"读书笔记"这个文件夹。

7. 如何提取当天创建的所有笔记

前面讲了那么多知识，我们来综合运用一下。如果想要提取所有"创建时间"是今天的笔记，并用表格的形式显示出来，代码应该怎么写呢？

首先，因为是表格形式，所以要用 table 视图，同时还要让这个表格中显示笔记的"创建时间"，以及写的"一句话总结"，所以在 table 后要跟上这两个属性。接着，要确定来自哪个文件夹，这里想从整个仓库中提取，所以可以不写 from。最后，因为要找"创建时间"是今天的笔记，那么就需要用 where 来限定"创建时间"是今天。

综合下来，代码如下所示：

```dataview
table 创建时间，一句话总结
where date( 创建时间 ) = date(today)
```

提取的效果如图 2.3.20 所示。

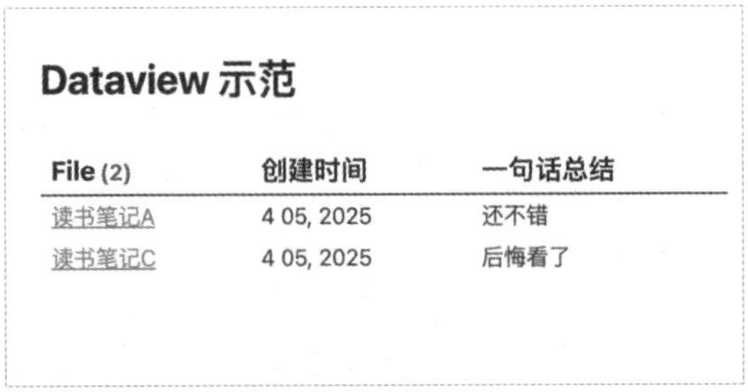

Dataview 示范

File (2)	创建时间	一句话总结
读书笔记A	4 05, 2025	还不错
读书笔记C	4 05, 2025	后悔看了

图 2.3.20

这样就能看到当天新建的所有笔记了。

Dataview 用数据库提取数据的逻辑来提取笔记，所以只要思路清晰，就有无数种提取方法找到想要的笔记。这里举的例子非常有限，只能帮你了解其中的一些逻辑。

如果你有更多的需求，可以让万能的 AI 来帮忙。在使用的时候先让 AI 阅读 Dataview 插件的使用文档，然后再让 AI 来写代码。

建议你在写笔记时带上属性，这样方便后期的自动汇总。那么怎样在新建笔记的时候，能够自动带上属性，不需要每一次都手动去填写呢？这就要用到我们下一节要介绍的 Templater 插件了。

本节总结

- 了解 Dataview 插件的基本概念。

- 了解设置笔记属性的方法。
- 了解写简单的代码来提取想要的笔记的方法。

第四节　Templater 模板插件，
标准化你的笔记流程

在记笔记时，难免有一些重复操作。比如我会在日记中固定记录一些内容，写读书笔记的时候也一定会记录作者信息、发布时间、阅读时间、一句话阅读感受。怎样才能在新建笔记的时候，一下子就出现所有我想记录的内容呢？

在 Obsidian 中，我们用模板就能轻松解决这个问题。Obsidian 中有一个核心插件就是模板，可以在设置界面的"核心插件"中找到，如图 2.4.1 所示。

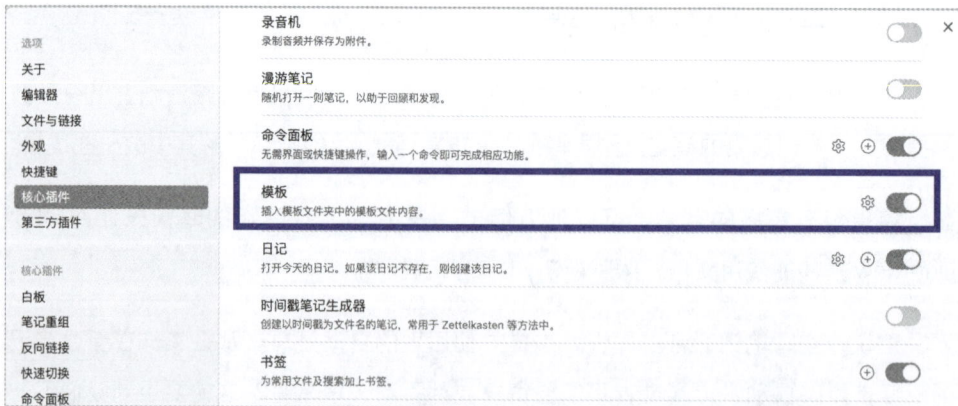

图 2.4.1

直接用模板功能可以解决一些基础问题，在第三方插件市场中还有一个更厉害的插件，名为 Templater，它不但能够实现核心插件的所有功能，而且还能让模板用上代码，创建出动态模板。我推荐大家直接下载安装 Templater 来使用，下载页面如图 2.4.2 所示。

Templater [已安装]

⟳ 2,331,327
版本: 2.11.1 (当前已安装版本: 2.11.1)
作者: SilentVoid
Github 仓库地址: https://███.com/SilentVoid13/Templater
上次更新: 14 天前

Create and use templates.

[选项] [快捷键] [禁用] [卸载] [复制分享链接]

图 2.4.2

这一节我们先介绍模板的基础设置，然后再介绍具体用法。

1. 如何创建模板

在使用模板之前，首先要创建一些模板，并把它们放到"模板"文件夹中。这样系统才能知道，这不是一个笔记，而是一个笔记模板。

第一步，我们先新建一个文件夹，取名为"模板"，如图 2.4.3 所示。

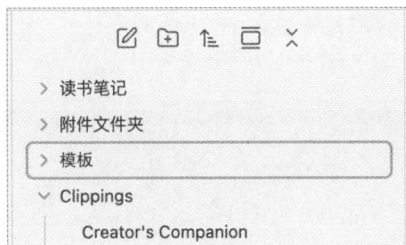

> 读书笔记
> 附件文件夹
> 模板
∨ Clippings
　　Creator's Companion

图 2.4.3

在这个文件夹中存放的笔记就都是模板了，可以根据需求创建多个模板笔记。

我现在一共有 20 多个模板，像常用的日记、周记、工作笔记、会议记录、读书笔记、视频脚本等，都有对应的模板。

不需要在开始使用 Obsidian 时就将所有模板创建齐全，可以边记笔记，边感受自己到底需要哪些样式的笔记，慢慢添加就好了。

如果你还没有形成自己的笔记模板，可以在网上搜索一下，参考别人的样式来创建。

这里和大家分享一下我用的读书笔记模板，如图 2.4.4 所示。

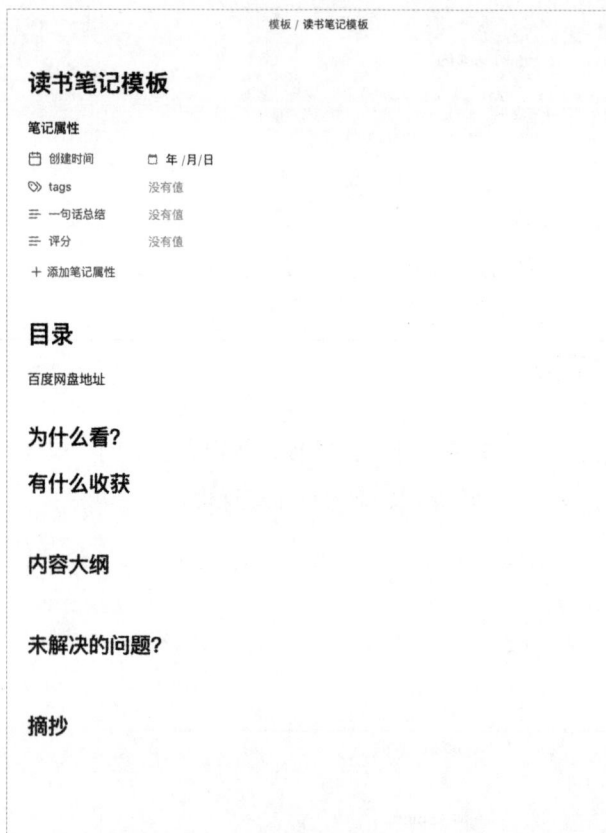

图 2.4.4

我每次写读书笔记的时候都会用相同的格式，这是我在写了很多读书笔记之后累积下来的样式，这样写完一本书的读书笔记之后能记住很多东西。

根据自己的需求创建好模板笔记，这个笔记模板就可以放到创建好的"模板"文件夹中了。接下来要把 Templater 插件和"模板"文件夹连接起来。

找到设置界面中的"Templater"项，在第一个选项 Template folder location 处选择刚刚创建的"模板"文件夹，如图 2.4.5 所示。

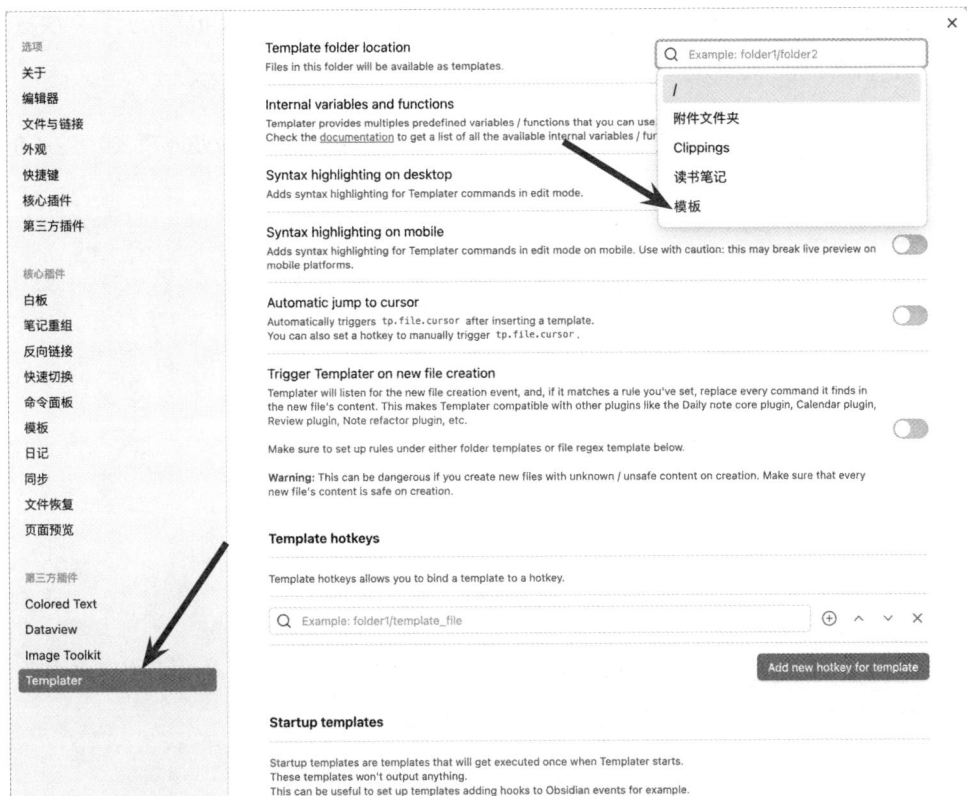

图 2.4.5

这样系统就知道在这个文件夹中寻找模板了。至此，设置模板的工作也就完成了！

所以要在 Obsidian 中创建模板很简单，就是新建了一个笔记。只不过需要多做一步，就是把这个笔记放到指定好的模板文件夹中。

准备工作做好之后，我们来说说应该怎么用。

2. 如何使用模板

使用模板有两种情况，一种是已经打开一个笔记，想要把模板用在这个已经打开的笔记上，另外一种是直接用模板来创建笔记。下面分别来说明如何操作。

比较简单的是直接用模板来创建笔记。在任意页面中，使用 Ctrl/Cmd + P 快捷键打开控制面板，搜索 templater。

因为要用模板来新建笔记，所以选择 Create new note from template 项，如图 2.4.6 所示。

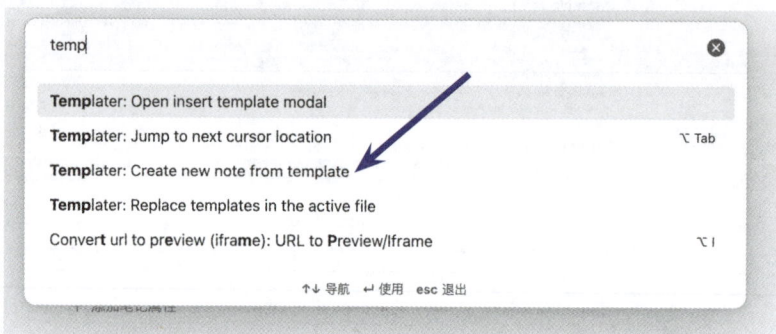

图 2.4.6

接着会让你选择用哪个模板来新建笔记，这里会显示所有放在模板文件夹中的模板笔记，选择你要使用的那个，如图 2.4.7 所示。

图 2.4.7

直接用模板来创建新笔记是最方便的。但如果你已经记录了一些内容，才发现想要用之前的模板，也是可以实现的。

使用 Ctrl/Cmd + P 快捷键打开控制面板，搜索 templater。这里选择 Open insert template modal 项，如图 2.4.8 所示。

接着还是选择要应用的模板，然后就能直接将模板应用到现有的笔记中了。

但是这里要注意，如果没有打开笔记，而选择了 Open insert template modal 项，系统会报错。

图 2.4.8

3. Templater 的高级用法

用模板新建笔记，以及在创建好的笔记中插入模板这两个功能，用核心插件中的模板也能做到，为什么还要用 Templater 呢？

因为 Templater 可以读懂代码，所以我们可以写一些命令，让模板在生成的时候自动完成指定的动作，填好动态内容。

如果你的模板中带有下面这段代码，那么下次用这个模板来生成笔记或者把这个笔记中用到的模板运用到已有笔记中时，笔记就会自动移动到你在"你想要存储的文件夹"的位置填写的文件夹中：

```
<% await tp.file.move ("你想要存储的文件夹"+tp.file.title) %>
```

注意，在 <% 后面有一个空格，在 %> 前面也有一个空格。

在我的工作笔记、读书笔记模板中，都有这一行代码，以让笔记自动归类。但要注意，如果笔记的名字出现了重复，这行代码就会失效。

再比如，如何让笔记自动带上创建时间呢？

首先在模板中把"创建时间"属性改成"文本"类型，然后在"创建时间"后面输入图 2.4.9 所示的代码。这样在运用这个模板的时候，Templater 就会自动运行代码，把日期变成创建这个笔记的时间。

图 2.4.9

这里给出的只是两个非常简单的应用案例，网上还有很多关于 Templater 更加深入的教程，你如果感兴趣可以参考学习。

总而言之，在创建笔记的时候，要想让笔记做固定的事，用 Templater 都可以实现。

现在把笔记的属性、格式都设置好了，在下一次新建笔记的时候就能避免重复劳动了。

本节总结

- 了解使用核心插件中的模板功能的方法。
- 了解 Templater 和核心插件中的模板功能有什么区别。
- 了解使用 Templater 来创建动态模板的方法。

第五节　AI 插件推荐，赋能笔记的智能化处理

用 Obsidian 记笔记，除了软件灵活度高，可以自定义各种配置外，它还有一个特点，那就是写好的所有笔记都能无脑扔给 AI 工具，让 AI 工具帮我们产出更好的内容。

为什么说自己写的笔记会帮助 AI 工具产出呢？

回想一下上次和 AI 工具的对话，它给出的答案是不是没有针对性？如果让 AI 工具来帮你写材料，那更是"一眼假"。这是因为 AI 工具缺乏对你的基本了解，它不知道你对这个问题了解多少，也不知道你写材料的风格，更不知道你之前做了哪些准备工作，所以只能在网上搜索、拼凑出一个大而空的答案。想要解决没有针对性的问题，就要给 AI 工具提供一些背景材料作为知识库，这些问题和你想要的答案的关系越密切越好。有了这些背景材料，AI 工具在给出答案的时候就会更有方法、更有思路。

我们用 Obsidian 记录的这些笔记，就是非常好的养料。比如我们已经针对某个问题搜索了很多资料，那么把这些资料投给 AI 工具，让它来生成答案，肯定比让 AI 工具自己在网上乱找更准确。再比如，把自己写过的材料投给 AI 工具，让它模仿成品风格来写新材料，肯定就会更像自己写的。

因为在 Obsidian 中记录的笔记都是存储在本地的，所以可以很容易地找出所有笔记，再上传到经常使用的 AI 工具当中，让它来进行加工操作。更加幸运的是，Obsidian 中也有很多 AI 插件，可以直接把 AI 工具请到软件中来读取笔记，连上传资料的时间都省下来了。

所以在 AI 时代，我们更应该用 Obsidian 来收集、整理自己的笔记。在后续章节也会说到用 AI 工具来辅助产出的具体步骤。

在这一节，我们先来学习如何把 AI 工具和 Obsidian 链接上，这样才能在之后的内容中，利用 AI 工具更好地写日记、写读书笔记，以及做知识管理。

1. AI 工具接入准备

要想把 AI 工具接入 Obsidian，必须使用 AI 大模型背后的 API 接口，把这个接口和 Obsidian 接口链接起来才行。每个大模型背后都开放了 API 接口供大家使用，要想把 AI 工具嵌入 Obsidian，第一件事就是去找一个 API 接口。

在链接的时候有两种选择，一个选择是到某大模型的官方网站，使用官方接口。

如果我想用 DeepSeek 的 API 接口，那么就到 DeepSeek 的官方网站上找到 API 密钥
（API keys）的位置，在那里创建一个 API 密钥，如图 2.5.1 所示。

图 2.5.1

用官方 API 的优点是稳定、可靠。缺点是，如果你想尝试不同的 AI 大模型，那
么就要奔走在各个大模型的官方平台，把它们的 API 密钥都搞到，依次配置，比较麻烦。

与此相对的是，现在有很多汇集了各种平台 API 的中间商，在中间商那里可以
通过一个 API 密钥，尝试不同的 AI 大模型，非常方便。国内比较流行的中间商有硅
基流动（见图 2.5.2），以及字节跳动的火山引擎。

图 2.5.2

使用中间商的方式也有缺点，就是中间商有可能倒闭！而且因为是第三方平台，所以它提供的 API 其实经过了一次转手，在使用效果上可能比官方的略显逊色。

当然，无论哪一种方式，链接的逻辑都一样，就是获得模型的名字、API 密钥，以及模型的 URL。

这些信息去哪里找呢？这里以硅基流动为例进行讲解，其他平台的使用方法类似。

在硅基流动的主页中单击"API 密钥"项，在这里新建一个密钥，如图 2.5.3 所示。

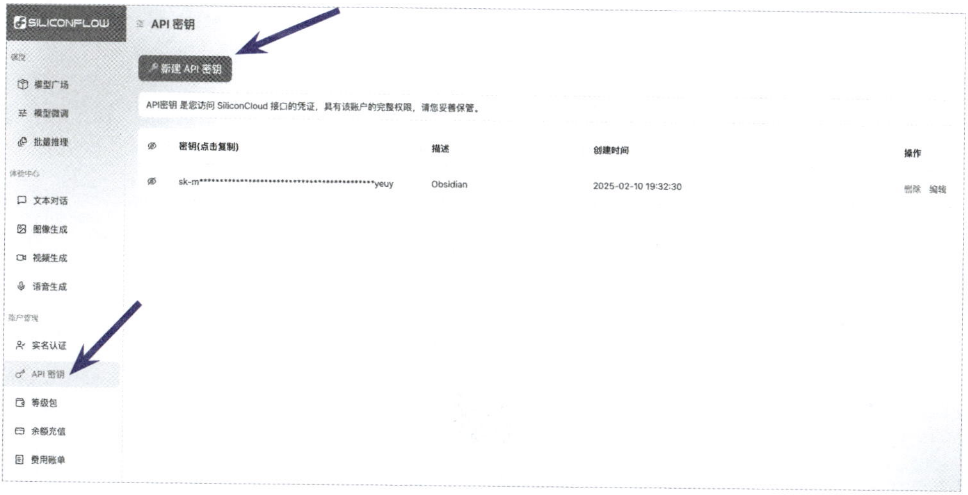

图 2.5.3

然后到帮助文档中，找一下 base URL，如图 2.5.4 所示。

图 2.5.4

进入文档中心后，直接搜索 base_URL，就能找到这个平台的 Base Url 是什么了，如图 2.5.5 所示。

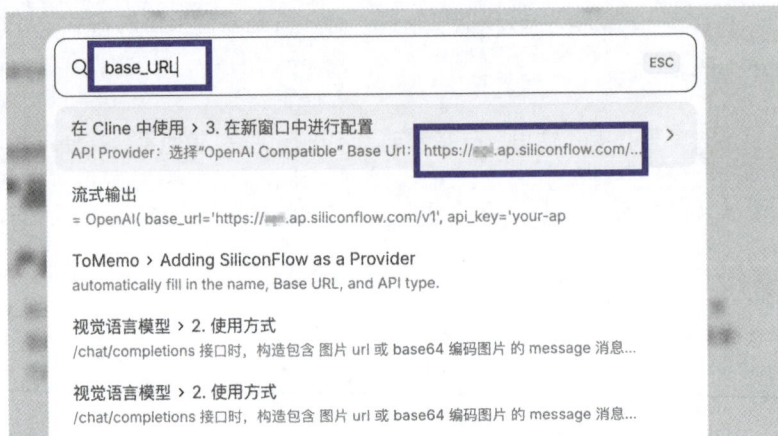

图 2.5.5

模型名字的获取方法，在硅基流动中是直接到主页中进行复制，如图 2.5.6 所示。

图 2.5.6

现在我们知道了 API 密钥、URL 及模型名字，有了这三个信息，就能开始配置 Obsidian 中的 AI 插件了。

2. AI 插件推荐

在链接之前，先说说怎么选 AI 插件。

现在第三方插件市场中的 AI 插件呈现井喷状态，隔几天就有一个新的 AI 插件出现，所以我无法判断在你看到这本书的时候，最好用的 AI 插件是哪一个。

大部分插件的主要功能有两个，一个是直接和你的单篇笔记对话，针对这一篇笔记进行修改、续写、翻译等操作。另一个是直接搜索整个仓库，把所有笔记作为知识库，用笔记来回答你提出的各种问题。

那么这些 AI 插件的区别又在哪里呢？除了操作页面不一样，一些细节的功能也有所不同。比如有的可以存储提示词，有的可以直接修改笔记，有的可以快速存储对话，这些功能虽小，但可以很好地提高使用体验，大家可以看一下插件的使用介绍，选择适合自己的。我的公众号中也有专门的插件介绍文章，可以扫码阅读。

目前用得较多的 AI 插件有 Copilot、Text Generator 及 Smart Composer。

Copilot：可以直接和单篇笔记对话，也可以利用整个仓库中的笔记来生成答案。我比较喜欢它的存储提示词功能，可以把经常使用的提示词变成笔记存储起来，随时调用。插件下载页面如图 2.5.7 所示。

Text Generator：可以直接在笔记中进行续写，也可以很方便地调用存储的提示词。插件下载页面如图 2.5.8 所示。

Smart Composer：该插件不仅可以读取你的笔记，还能读取网址中的内容，写出来的内容可以直接应用在你的笔记中。插件下载页面如图 2.5.9 所示。

图 2.5.7

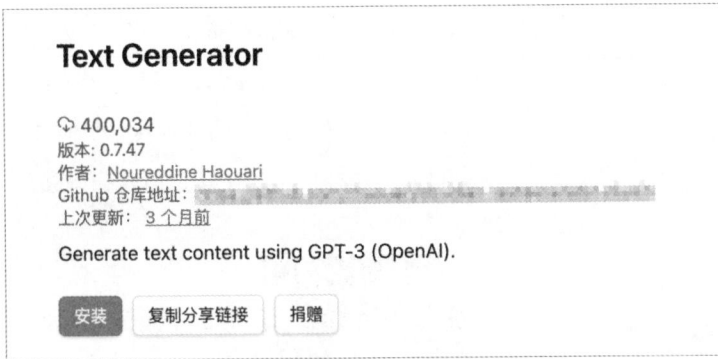

图 2.5.8

Smart Composer

⟰ 29,397
版本: 1.1.15
作者: Heesu Suh
Github 仓库地址:
上次更新: 2 天前

AI chat with note context, smart writing assistance, and one-click edits for your vault.

安装　复制分享链接　捐赠

图 2.5.9

在我的公众号中有一篇文章介绍了三款插件的横向测评，可以扫码阅读。

3. 如何链接插件

不管你选择哪个插件，链接的逻辑都是相似的。这里以 Copilot 为例展示一下如何进行链接，以及如何使用。

下载好 AI 插件后，进入配置页面。如果你使用的是官方 API，比如 OpenAI、Claude、Gemini 及 DeepSeek 之类的，那么可能只需要把生成的 API 密钥填写进去就行了，如图 2.5.10 所示。这也是使用官方 API 的好处之一，链接方法十分简单。

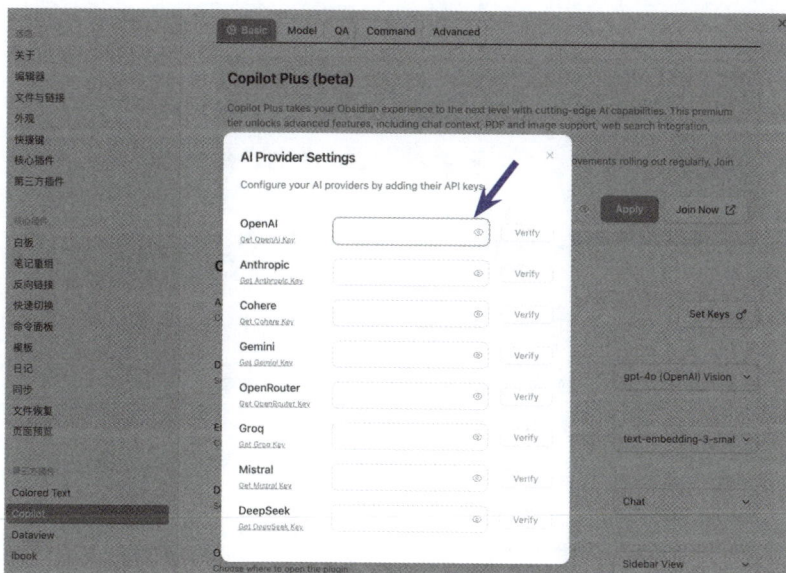

图 2.5.10

填写了自己的 API 密钥后，单击 Verify 按钮就可以进行验证匹配了。

如果你使用的是第三方平台，比如硅基流动，那么就会比较麻烦，因为需要从头开始设置。

我们进入 Model 选项卡，单击 Add Custom Model 按钮，添加自己的第三方平台，如图 2.5.11 所示。

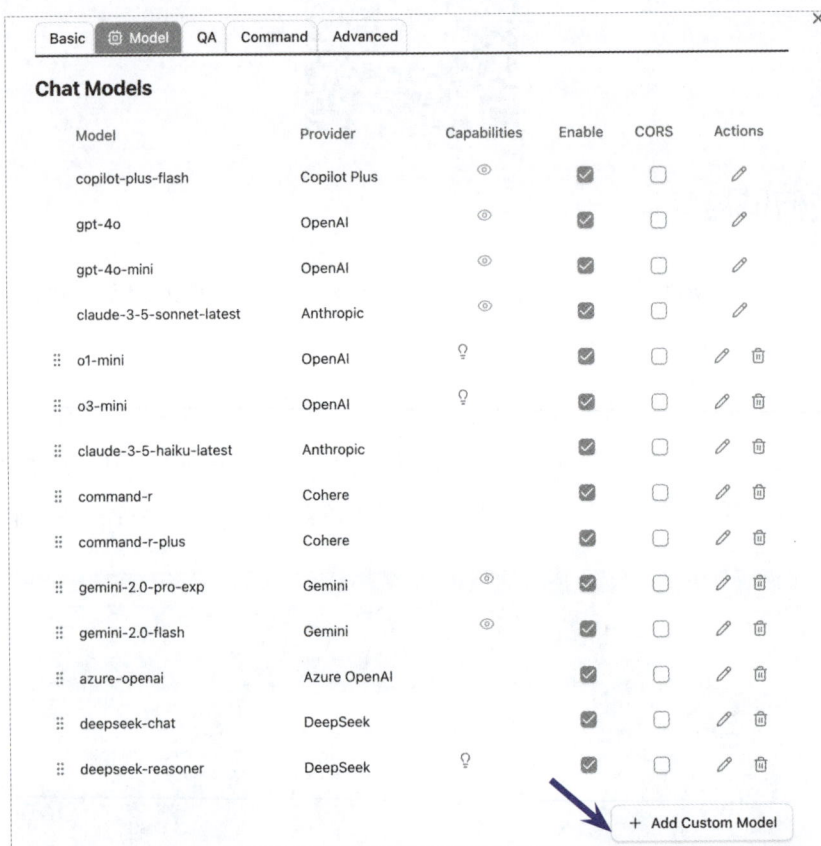

图 2.5.11

在添加的时候，需要填写上一节中介绍的三项信息，分别是 API 密钥、基本 URL 及 Model 名称，如图 2.5.12 所示。

Copilot 的设置页面中有以下这些信息需要填写。

- Model Name：这项信息到主页中复制即可。
- Provider：选择 OpenAI，大部分的大模型都是以 OpenAI 为基础的格式。
- Base URL：这项信息到帮助文档中去找。
- API Key：按照上一节介绍的方法，自己创建，然后把那一长串密码复制过来。

设置完成后，单击 Verify 按钮。如果填写正确，会显示 Model verification successful!，如图 2.5.13 所示。

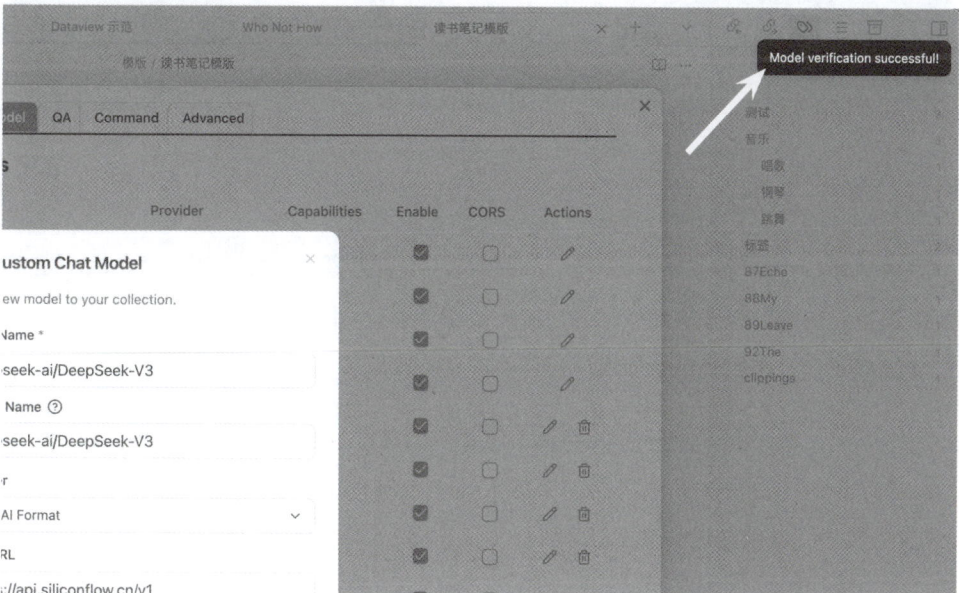

图 2.5.12

图 2.5.13

如果验证没有成功，大概率是因为信息没有填写正确。尤其要注意 Model Name 项，一定要用平台提供的名字，不要自己编撰！

继续修改，直到通过验证。这时单击 Add Model 按钮就可以了，如图 2.5.14 所示。

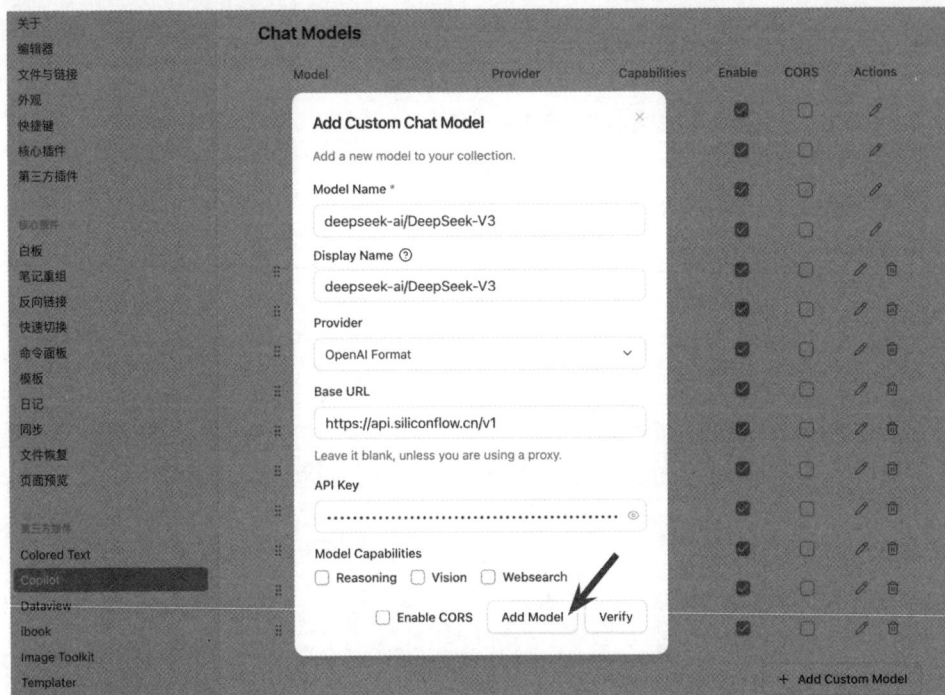

图 2.5.14

这样就配置好了处理单篇笔记的 AI 插件。如果要处理整个仓库中的笔记，还需要设置另外一个类型的 AI 模型。对于大模型来说，处理一篇文章和处理多篇文章用到的逻辑不一样。处理单篇笔记，用到的模型类型是 Chat Models；处理整个仓库中的多篇笔记，要用到 Embedding Models 类型的模型。

为了让 Copilot 识别整个 Obsidian 仓库中的笔记，再加以产出，需要在设置完 Chat Models 之后往下滑动页面，继续设置 Embedding Models。找到 Embedding Models 栏后，继续单击 Add Custom Model 按钮，如图 2.5.15 所示。

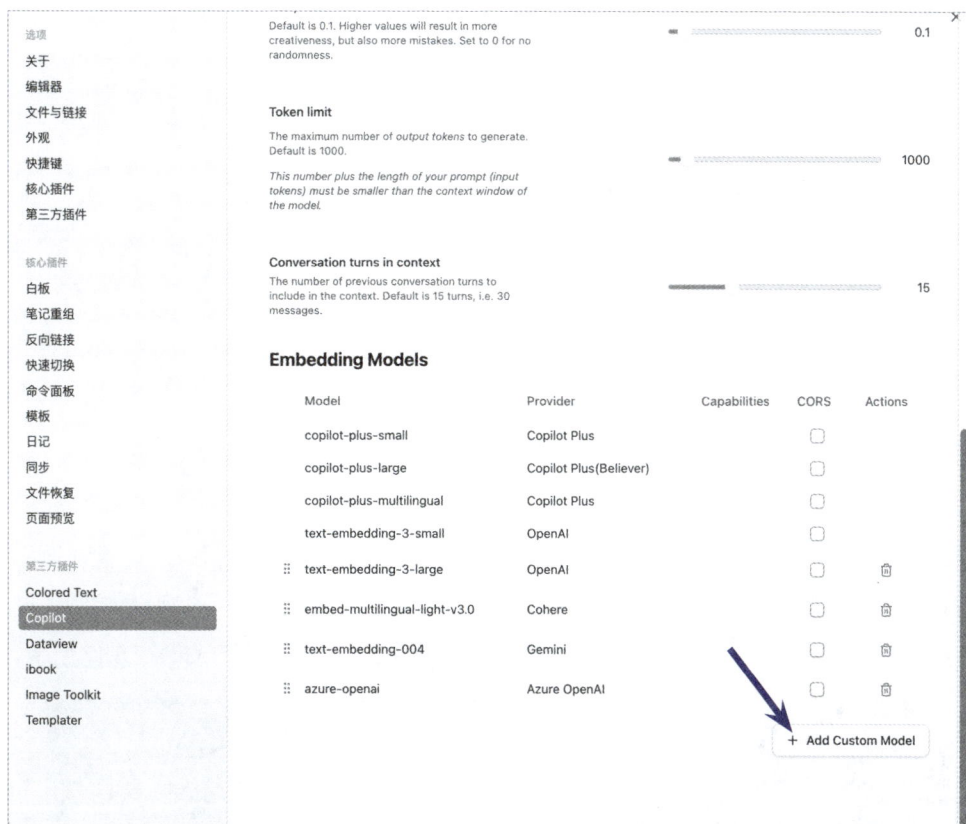

图 2.5.15

点开之后，会看到一个和图 2.5.14 所示类似的配置页面。只不过这时因为要批量处理文章，所以需要重新到大模型平台选择一个 Embedding 类型的模型才行。

在硅基流动中，搜索类型为"嵌入"的模型，只有嵌入的模型，才能批量处理大量内容。

在图 2.5.16 所示的界面中出现的模型都可以选择。

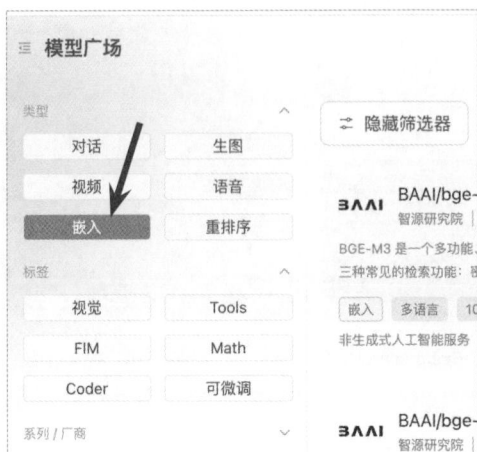

图 2.5.16

找到可以使用的嵌入模型后，复制这个模型的名字。回到 Copilot 中，像前面配置 Chat Model 一样，依次配置好 Embedding Model 的对应内容，单击 Verify 按钮，出现 Model verification successful! 之后，再单击 Add model 按钮就行了，如图 2.5.17 所示。

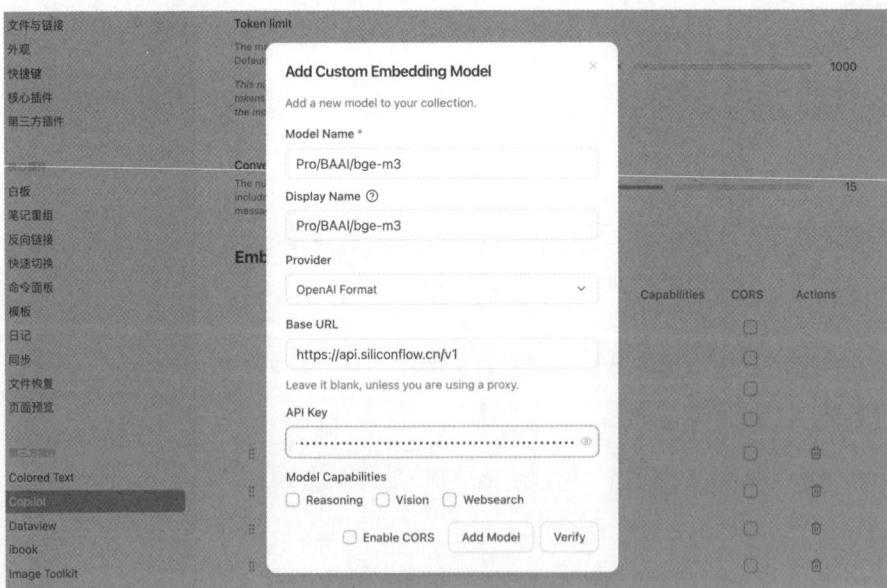

图 2.5.17

配置完这两个模型，需要做最后一步操作——让 AI 插件默认使用设置好的这两个模型来处理笔记。

在 Copilot 里，回到插件的第一页，设置 Default Chat Model 和 Embedding Model 选项，这里都选择刚才设置的模型，如图 2.5.18 所示。

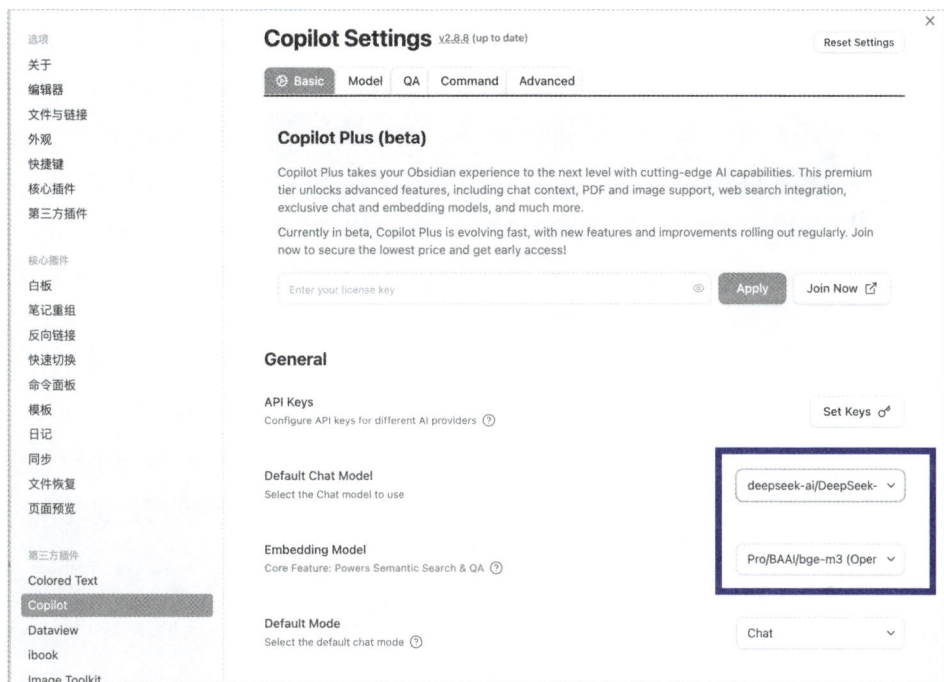

图 2.5.18

这样就做好了所有准备工作，终于可以开始使用这个 AI 插件了！

4. 如何使用插件

一般来说，下载并安装好插件之后，会在 Obsidian 的侧边栏中多出一个按钮。对于 Copilot 也一样，直接单击按钮就能激活 AI 对话窗口，如图 2.5.19 所示。

单击了打开插件的按钮后，会在右侧看到一个对话窗口，在这里就能用 AI 插件和笔记、仓库对话了。比如我正在写一个笔记，题目是"常见的 Markdown 格式语法"，那么就可以在 AI 插件那里，让它帮我把笔记内容填写完毕，如图 2.5.20 所示。

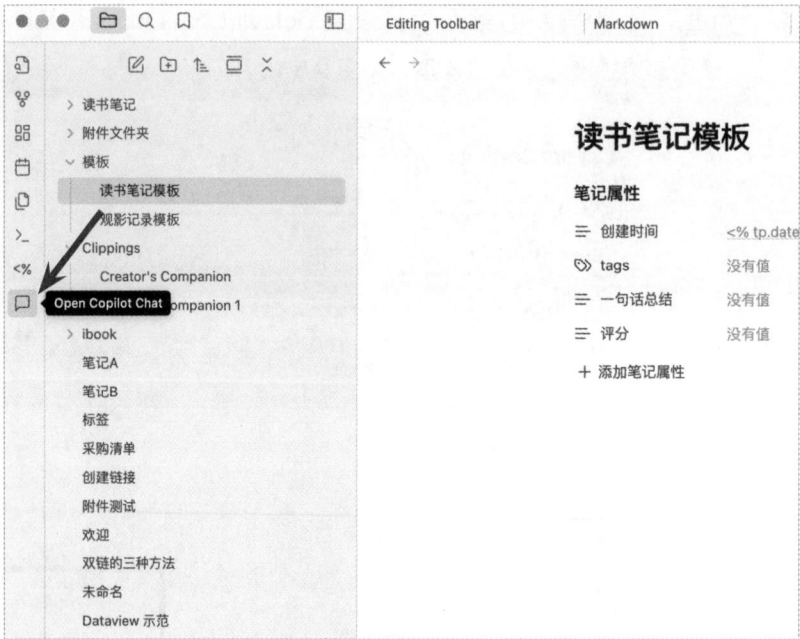

图 2.5.19

图 2.5.20

在写作过程中单击回车键之后，AI 插件就可以开始工作了，如图 2.5.21 所示。

写作完成后，先单击"复制"按钮，如图 2.5.22 所示，然后把写好的内容粘贴到笔记当中即可。

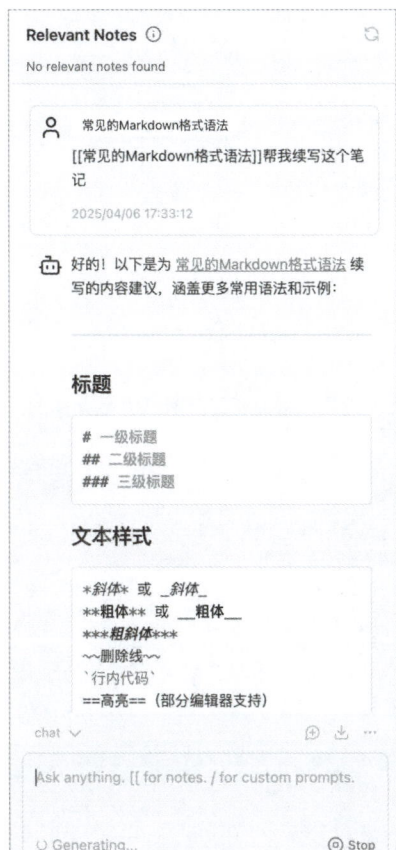

图 2.5.21

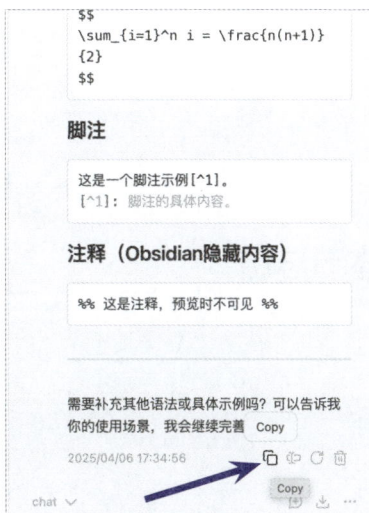

图 2.5.22

接着把样式调整成自己想要的样子，一篇笔记就大功告成了，如图 2.5.23 所示。

当然，这里只展现了 Copilot 不到 10% 的功力，而且插件本身的更新也非常频繁，随时都有新功能，想要了解所有功能，最好的办法还是去看插件文档。

在链接 AI 工具之后，Obsidian 就已经不仅仅是笔记软件了，而是一个带有私人知识库的智能体，能做的事情也从单纯的记笔记，扩展到了更多方面。在下一章我会介绍 Obsidian 搭配 AI 工具的具体实操案例，希望能够打开你的思路，以产出更高的效能。

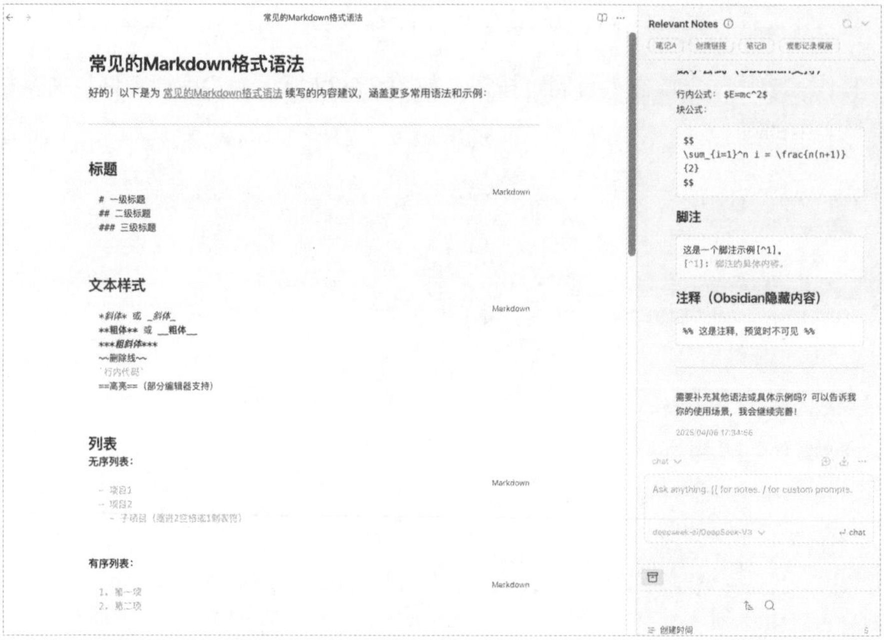

图 2.5.23

本节总结

- 了解获得 AI 大模型的 API 的方法。
- 了解设置 AI 插件 Copilot 的方法。

本章总结　插件与 AI 结合，打造超级笔记工具

看完这一章，你已经基本解锁了 Obsidian 的完整功能。

第三方插件为 Obsidian 增添了强大且灵活的扩展能力，几乎可以满足你对笔记软件的所有需求：更快地进行网页剪藏、更高效地创作模板化笔记、更智能地进行内容查询、更便捷地进行日常操作，甚至可以直接接入 AI 工具，实现智能化的笔记

管理和知识处理。

除了前面介绍的插件，下面这些插件也非常推荐。

- PDF++：支持在 Obsidian 中边看 PDF 文件，边勾画、标注，特别适合做学术笔记。
- QuickAdd：搭配 Templater 使用，可通过快捷键一键新建模板笔记。
- Outliner：可优化大纲管理，用快捷键快速调整和移动笔记中的要点。
- Journals：专为日记设计的插件，支持按日、周、月、年快速跳转和查看。
- Commander：可为 Obsidian 主界面添加快捷按钮，方便一键分屏、快速导航。
- Paste URL into Selection：直接为选中的文字生成超链接，方便链接外部资料。
- Note Refactor：将笔记中的部分内容快速拆分为独立笔记，方便模块化管理。

本章内容结束在 AI 配置部分，下一章我们来看看 Obsidian + AI 的实际应用场景，人机协作究竟能在日常中帮我们提高多少效率、提升多少产出。

第三章

Obsidian+AI 实战：
生活工作全面提效

第一节　日记复盘 +AI，智能汇总更高效

第二节　读书笔记 +AI，看过的书不再忘

第三节　知识收集 +AI，碎片信息变精华

本章总结　人机协作，释放超强产能

　　现在，我们不仅学会了 Obsidian 的基本操作，还学会了怎么用第三方插件来给Obsidian添加想要的功能，甚至把AI工具也带到了仓库中。那么问题来了，Obsidian + AI 到底可以做些什么呢？

　　在这一章中，我要分享自己私藏的三个用法，让 AI 工具来分析记录在Obsidian中的日记、读书笔记还有剪藏的有用知识。借助大模型的计算能力，给我们的生活、学习、工作做好指导。

第一节　日记复盘 +AI，智能汇总更高效

使用 Obsidian 最常做的事就是写日记了。在使用 Obsidian 之前，我用纸笔做过手账，也用 iPad 写过电子手账，但写完后，很少去重新翻看，日记对人生前进没有起到太多的指导作用。

使用 Obsidian 后，因为搜索的功能很方便使用，而且可以用 Dataview 提取每周、每月、每年，以及每年某一天的日记，回顾起来方便多了，能切实感受到自己的进步，但还是很少花时间去做总结。

一方面，回顾确实有点儿麻烦，就拿周复盘来说，需要先看完上周每一天写的日记再总结，看的时候就已经累了；另一方面，自己总是很难客观分析自己，毕竟当局者迷，所以复盘的时候总觉得在隔靴搔痒，找不到自己真正的问题。

有了 AI 工具，这些问题都能迎刃而解。因为 AI 工具可以阅读一周的日记内容，免去了自己一篇一篇看日记的麻烦；AI 工具还可以根据日记内容做客观的反思和分析，并且给出来自第三方的建议，就像身边有一个冷静又有阅历的人，看了我写的日记之后，给我做一对一的辅导；甚至还可以让 AI 工具担任时间管理教练及心理咨询师，来给你提出更加专业的改善意见，感觉真的很好！

可以说有了 Obsidian+AI 的组合，我的日记系统才真正形成了闭环，不再只是提供情绪价值，而是切实发挥了复盘的作用。

具体应该怎么做呢？这一节会带你一步一步地操作，并送上我正在使用的提示词，希望能帮你心态平和地度过每一天。

1. 怎么用 Obsidian 写日记

要想让 AI 工具帮你进行周、月、年的复盘，首先需要每天写日记。用 Obsidian
写日记非常简单，有很多日记插件都能实现每天、每周、每月、每年生成一个模板页面，
我用的是 Journals 这个插件，下载页面如图 3.1.1 所示。

图 3.1.1

下载、安装并启动这个插件后，Obsidian 的侧边会多出一个日历。现在可以单
击日历中的天、周、月、年的部分，生成对应那天、那周、那月、那年的日记记录页面，
使用起来非常方便，如图 3.1.2 所示。

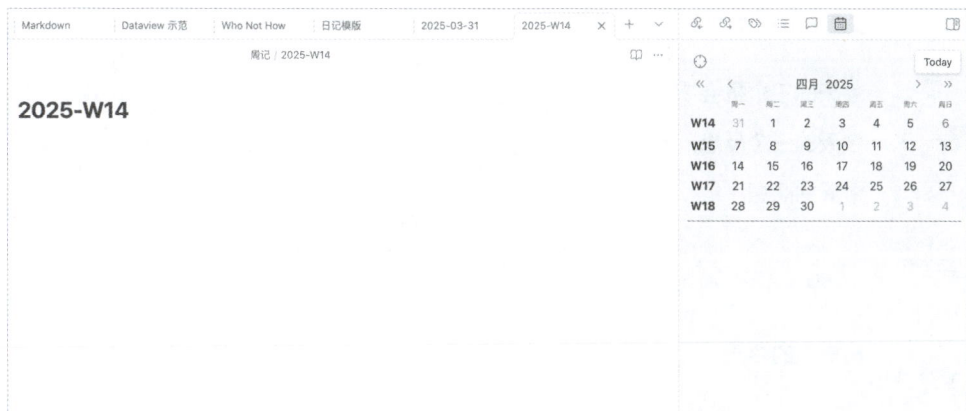

图 3.1.2

另外，为了看到每一年这一天的日记（类似"历史上的今天"的概念），我在
日记的页面中添加了一段 Dataview 代码，这段代码的意思是从日记文件夹中提取每

年月 - 日相同的日记。在使用的时候只需将 from 后面改成你的日记文件夹的名字。注意，所有的符号都需要是英文半角的。

```dataview
LIST
FROM "你的日记文件夹的名字"
WHERE substring(file.name, 5, 10) = substring(this.file.name, 5, 10) AND
substring(file.name, 0, 4) != substring(this.file.name, 0, 4)
```

如果觉得输入麻烦，可以扫二维码从我的公众号的文章中复制代码。

效果如图 3.1.3 所示，会自动提取每年 3 月 31 日的日记。

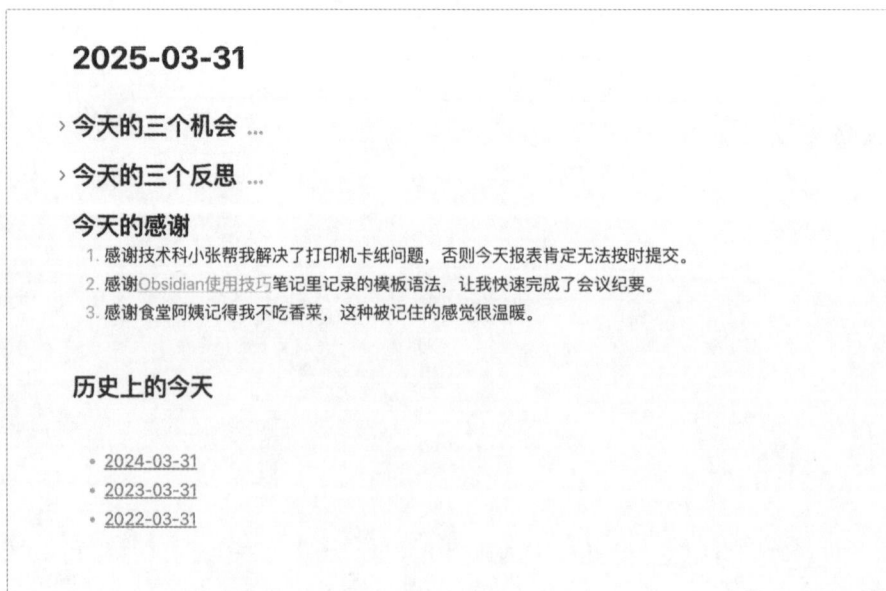

2025-03-31

› **今天的三个机会** …

› **今天的三个反思** …

今天的感谢
1. 感谢技术科小张帮我解决了打印机卡纸问题，否则今天报表肯定无法按时提交。
2. 感谢Obsidian使用技巧笔记里记录的模板语法，让我快速完成了会议纪要。
3. 感谢食堂阿姨记得我不吃香菜，这种被记住的感觉很温暖。

历史上的今天

- 2024-03-31
- 2023-03-31
- 2022-03-31

图 3.1.3

至于怎么设置 Journals 才能让日、周、月、年环环相扣，扫码可在我的公众号中阅读相关文章，视频看起来更直观，这里就不多说了！

现在知道 Obsidian + Journals 可以实现百年日记的功能，但每天应该记一些什么呢？

在参考了很多人的日记体系之后，我目前坚持下来的是机会日记记录方法。简单来说就是记录每天的三个机会、三个反思，以及想要感恩和感谢的东西。随时提醒自己要保持好奇心，敏锐接收世界发出的各种电波，另外就是常怀感恩之心。

这个日记体系脱胎自日本作家山田智惠的 *The Meaning Note* 这本书。山田智惠的父亲曾经拥有一家大型咨询公司，巅峰时员工曾达 1000 人，她从小就过着富家小姐的生活。然而 2008 年的金融危机让这一切发生了剧变，父亲公司的倒闭让她在 32 岁的时候，第一次需要投简历找工作。

在这个至暗时刻，她开始每天记录生活中遇到的三个机会，这个简单的习惯成了她人生的转折点。每天记录三个机会，一周就能累积 21 个机会。在这么多的机会中，总能抓住一些，同时她也反思自己错过了哪些机会。通过不断地总结与调整，她最终找到了工作，并开始负责广告和投资的工作。接着，她出版了第一本关于如何使用社交媒体进行市场营销的书，还参与了波士顿的女性领导项目。机会就像滚雪球一样，越来越多。

我也想让人生充满更多可能，所以在看完这本书之后就一直在践行机会日记的方法，在她的基础上进行了调整，形成了现在的日记体系。我觉得确实挺有用的，要不然这本书也不会出现在你的面前了。

当然你可以根据自己习惯的样式来记日记，不用拘泥于格式，记录下每一天真实的自己最重要。

用自己喜欢的格式写完日记之后，我们来说说怎么使用 AI 做总结。

2. AI 提示词设置

因为总结是每周、每月、每年都会做的事情，所以把提示词做成模板，让 AI 工具自动读取是明智的选择。Obsidian 中可以使用的 AI 插件基本都支持存储提示词的功能，这里就用 Copilot 来举例说明，我们一起看看怎么把提示词存储在仓库当中随时调用。

首先到设置界面的"Copilot"中找到 Custom Prompts Folder Name 项，如图 3.1.4 所示。

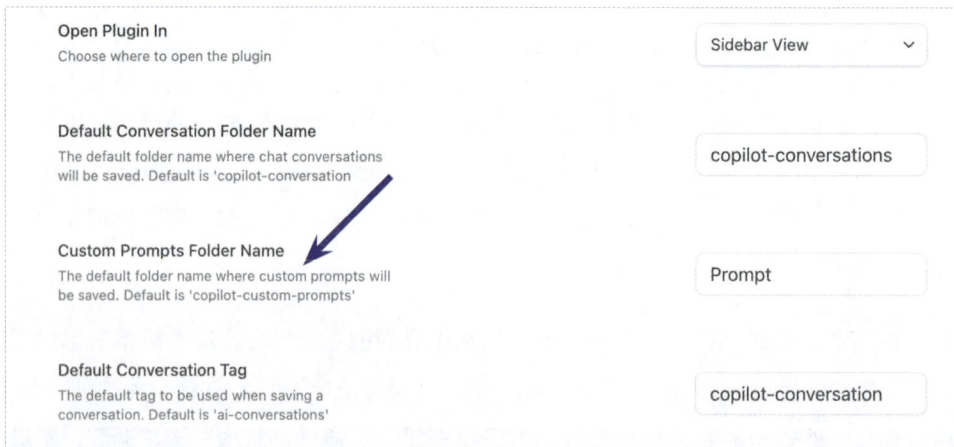

Open Plugin In Choose where to open the plugin	Sidebar View ▾
Default Conversation Folder Name The default folder name where chat conversations will be saved. Default is 'copilot-conversation	copilot-conversations
Custom Prompts Folder Name The default folder name where custom prompts will be saved. Default is 'copilot-custom-prompts'	Prompt
Default Conversation Tag The default tag to be used when saving a conversation. Default is 'ai-conversations'	copilot-conversation

图 3.1.4

后面显示的就是存储提示词的文件夹。Copilot 默认设置了一个文件夹，如果你不喜欢文件夹的名字，可以更换，比如我把文件夹的名字改成了 Prompt。需要注意，如果你更换了文件夹的名字，但是这个文件夹还不存在，那么需要赶快新建以该名字命名的文件夹，这样 Copilot 才能到文件夹中去提取提示词模板笔记。

接下来新建一个笔记，取名为"周复盘"。在这个笔记中写好你想让 AI 工具怎么进行周复盘。我自己的模板是这样写的，供你参考：

请帮我从本周的这几篇日记中总结出本周的 3 个机会、3 个反思，以及 1 个感恩，提取的每个总结都在后面用 [[YYYY-MM-DD]] 的格式标注上是哪一天发生的，并且给出下周应该努力解决的问题。

把生成的内容按照下面的格式填写上。

机会

反思

感恩

模板在 Obsidian 中的显示效果如图 3.1.5 所示。

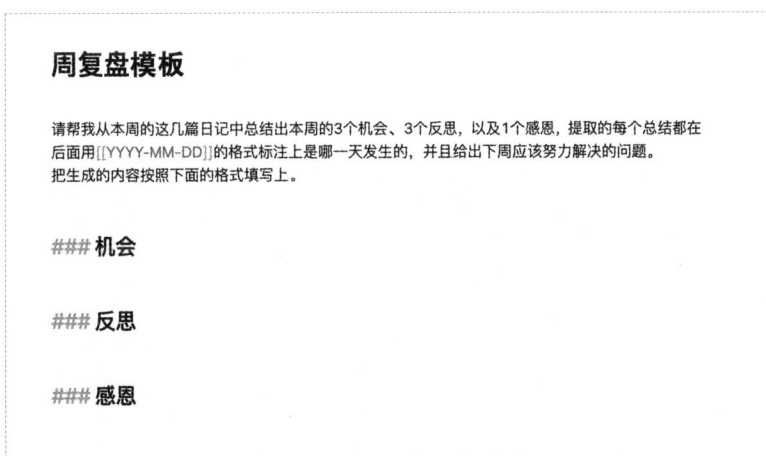

周复盘模板

请帮我从本周的这几篇日记中总结出本周的3个机会、3个反思，以及1个感恩，提取的每个总结都在后面用[[YYYY-MM-DD]]的格式标注上是哪一天发生的，并且给出下周应该努力解决的问题。
把生成的内容按照下面的格式填写上。

机会

反思

感恩

图 3.1.5

因为我每天都写机会、反思、感恩，所以想让 AI 工具从中筛选出最重要的项目，记录在周复盘中。你可以根据自己的情况来修改这个模板样式，比如：

请帮我从本周的这几篇日记中总结出本周自己的成长，写出一句话总结并且给出下周应该努力解决的问题。

把生成的内容按照下面的格式填写上。

本周总结

下周方向

修改完成之后，保证这个模板笔记存放在了设置的提示词文件夹中即可。

3. 如何使用 AI 工具做复盘

准备好了每周总结的提示词，具体应该怎么使用呢？

首先根据上一节介绍的内容安装、链接好 Copilot 插件。接着在侧边栏打开 Copilot 的对话框，然后输入 / 就能激活提示词模板了，如图 3.1.6 所示。

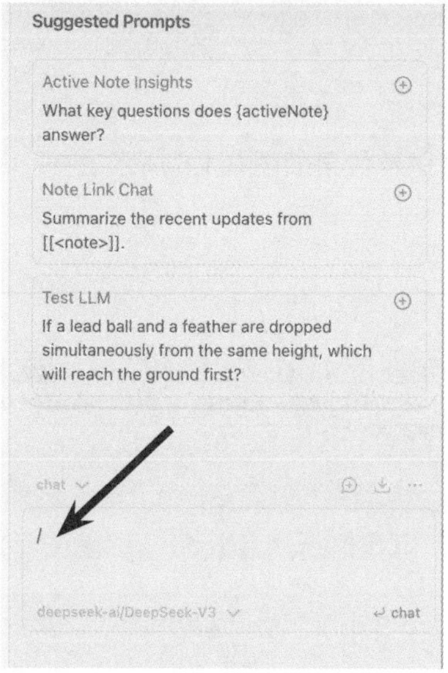

图 3.1.6

激活之后能看到存储好的提示词模板，选择需要的那个，如图 3.1.7 所示。

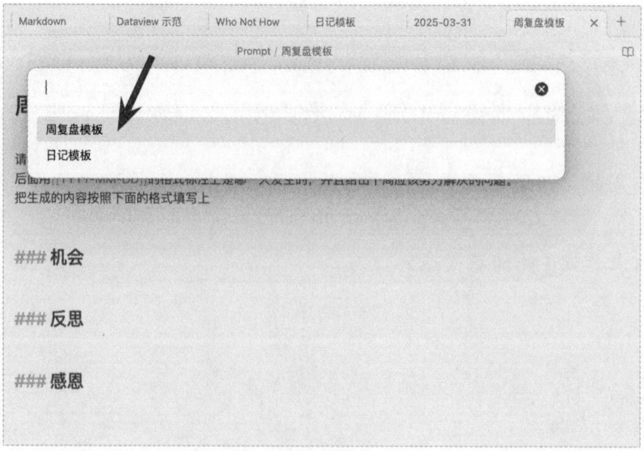

图 3.1.7

选择好模板之后，需要填入这一周的所有日记。在提示词最开始的位置输入 [[，就能显示所有仓库中的笔记，如图 3.1.8 所示。

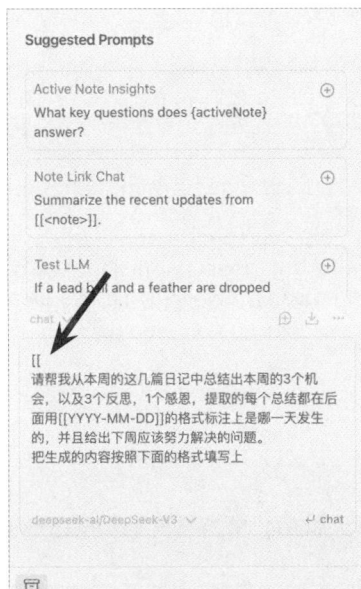

图 3.1.8

我们把这一周的笔记都用这个方法找出来，如图 3.1.9 所示。

图 3.1.9

把一周七天的笔记都加到提示词笔记中，单击回车键，AI 工具就开始复盘了，如图 3.1.10 所示。

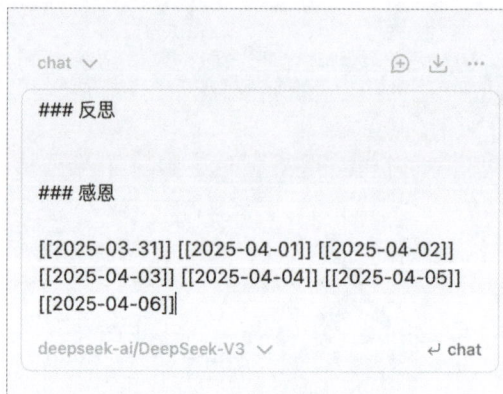

图 3.1.10

生成的内容会出现在聊天框中，单击"复制"按钮一键复制，如图 3.1.11 所示。

图 3.1.11

因为我的提示词模板中已经规定好了 Markdown 语法格式，所以直接复制就能变成漂亮的周复盘页面，如图 3.1.12 所示（完全是 AI 工具的输出，一字未改）。可以调整一下其中的内容，让它变得更符合自己的情况。

就我使用的感受来说，因为 AI 工具是完全客观的第三方，所以让它来对日记进行分析，给出的意见一针见血，直击核心。在分析自己随手写下来的内容时，AI 工具能很敏锐地感觉到其中的精髓，并且进行分析。

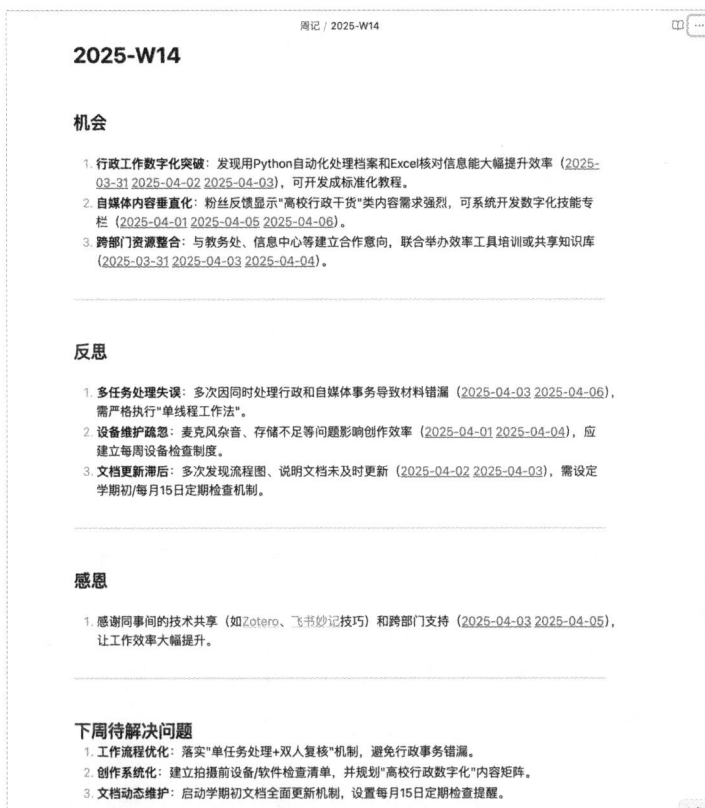

图 3.1.12

如果给 AI 工具一些与心理学相关的指令，那么它还能从更专业的角度来分析行为模式，对即将产生的负面情绪进行疏导。

4. 如何做月复盘、年复盘

上面讲到了怎么用 AI 工具做周复盘，那么月复盘、年复盘又该怎么做呢？使用相同的逻辑，让 AI 工具分析当月每周写的周复盘，就能得到当月的总结和下月的计划。每月的月总结又能作为 AI 工具进行年度分析的材料，从而做出年度总结。

这里我们只做了每天的生活日记，如果你要做工作上的日报、周报、月报、年报，那么也可以按照相同的逻辑来进行：每天做好工作笔记，记录完成了什么、有哪些没有完成，然后就能用 AI 工具自动进行周、月、年复盘了。

本节总结：行程日记闭环，AI 工具加持的复盘系统

看完这一节，你大概了解了如何用 Obsidian 写日记，并搭配 AI 工具实现高效的周、月、年复盘，让日记不再只是发泄情绪的工具，而是成为发现机会、反思成长、规划未来的强大工具。有 AI 工具加持，可帮助我们客观看待每一天的记录，自动提炼出有价值的信息，让你的人生和工作更有方向感。

核心要点：

- 使用 Journals 插件，实现按日、周、月、年自动生成日记模板和页面。

- 使用 Dataview 代码，打造百年日记视角，回顾每年同一天发生的事情。

- 借鉴"机会日记"方法，每天记录 3 个机会、3 个反思、1 个感恩，养成敏锐感知和调整的习惯。

- 在 Copilot 插件中设置提示词模板，让 AI 工具自动分析一周的日记，输出总结和改进建议。

- 用 AI 工具生成的周复盘，继续作为月复盘、年复盘的输入材料，形成连贯的复盘链条。

- 同样的方法也适用于工作笔记：日报、周报、月报、年报等都能使用 AI 工具自动进行生成。

第二节　读书笔记 +AI，看过的书不再忘

读书，应该是知识密度最高、回报潜力最大的一种学习方式了。可问题是：怎样才能真正把书里的内容理解透、记住，甚至应用到人生中呢？光靠写读书笔记，解决不了根本问题。

我以前也很认真地做过各种读书笔记：在书上写、在本上记，但是到需要回顾的时候，翻来翻去超级麻烦，要比对几本书中相似的观点更是痛苦，更不用说带着书和本到处走又重又不方便这个缺点了！

后来换成普通笔记软件，虽然便于携带和搜索，但回顾、跨笔记总结的问题依然没有解决。读书笔记是边看边记的，很多前后呼应的观点相隔很远，看完书再整理时，往往会忘记相关线索，更别提找出不同图书之间的联系了。

直到我遇上"Obsidian ＋ 摘录工具 ＋ AI"组合，才彻底攻克了这个难题。

我可以用读书软件把看书时的勾画、批注直接投送到 Obsidian，自动生成一份完整的原始读书笔记。然后，AI 工具会帮我分析和汇总这些素材，把分散的勾画内容重新整合，梳理出书中相互呼应的观点，甚至找到隐藏在结构里的深层逻辑。不仅如此，AI 工具还能自动寻找与你当前阅读的图书相关联的其他笔记或图书，让不同作品之间的对比、联想变得触手可及。这种看书的吸收率、理解力，相比以前大幅提高。

自从我用了这套 Obsidian ＋ AI 的读书流程，不光理解力提升，甚至开始和朋友一起做读书播客，分享每一本书的收获（插播小广告，欢迎关注我们的节目《琪明瑶述》）。播客能顺利产出，也要感谢 AI 工具帮我把原始笔记提炼成完整的大纲和脚本，让输出这一步变得简单高效。

接下来的部分，就和你分享一下整个配置流程。

1. 如何导入读书摘要和笔记

AI 读书流程的第一个环节就是把读书时摘录的内容自动导入 Obsidian。Obsidian 中有很多第三方插件都支持导入读书摘录，可以根据自己的阅读习惯和设备来选择。下面是几个比较常见的阅读摘录插件。

Weread，支持导入微信读书的内容，下载页面如图 3.2.1 所示。

ibook，支持导入苹果读书的内容，但只能在苹果电脑上使用，下载页面如图 3.2.2 所示。

图 3.2.1

图 3.2.2

Kindle Highlights，支持导入 Kindle 中的摘录内容，下载页面如图 3.2.3 所示。

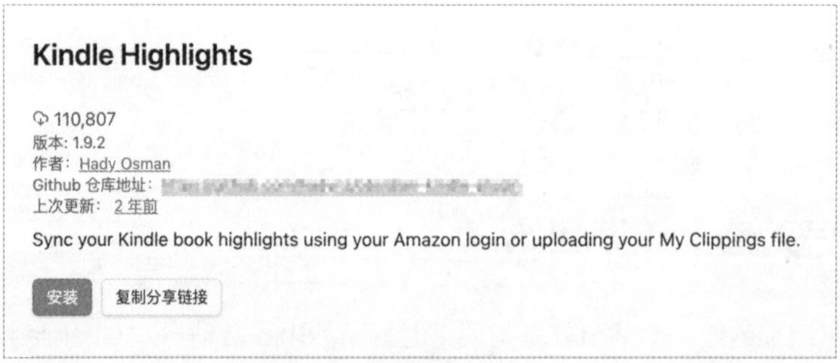

图 3.2.3

Readwise Official，可以导入 Kindle、苹果读书等各种平台的内容，下载页面如图 3.2.4 所示。它本身也是一款稍后阅读软件，能够从本地上传图书，直接勾画、批注，这些内容都可以直接投送到 Obsidian。

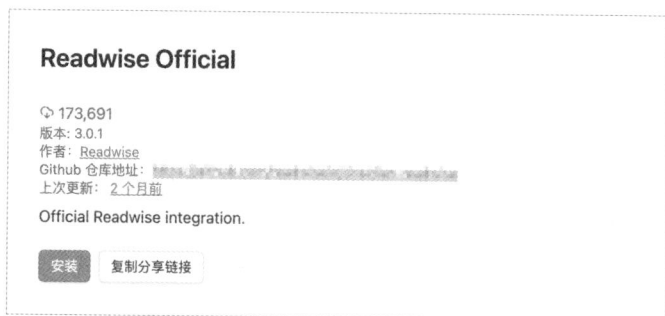

图 3.2.4

我现在使用的是 Readwise Reader 这款软件。它不仅可以作为读书软件收集书中的摘录，还能把网页、视频中的重点摘录、汇总起来，我用它做所有信息的采集。这个软件唯一的缺点就是有一点儿贵，在官网可以申请发展中国家优惠（6 折）。

在我的公众号中有关于这款软件的详细使用方法介绍，还提供了 2 个月的完整版免费试用，感兴趣的读者可以扫码拓展阅读。

我在用这款软件之前一直用微信读书和苹果读书，也都很好用，跨设备同步非常顺畅。读书软件并没有哪个更好用之说，基本功能都差不多，根据自己的设备和需求选择一款即可。

2. 准备读书总结提示词

用同步软件把读书的摘录导入 Obsidian 之后，接下来就是用 AI 工具生成读书总结了，这一步需要准备好提示词及读书总结的模板。

和上一节写周复盘的提示词模板思路相同，先告诉 AI 进行总结，再让它按照我们想要的格式来输出读书笔记。

我的提示词完整版是这样的：

请根据我在读书时候摘录在 {activeNote} 中的内容，根据以下格式完成一个完整的读书笔记。

如果有无法查找出的信息，不要编造内容，直接写 笔记中没有提到 就可以。

以下是读书笔记格式：

有什么收获

作者背景

内容大纲

有用摘抄

英语表达

读后疑问

模板笔记的效果如图 3.2.5 所示。

提示词中的 {activeNote} 告诉 AI 工具，直接阅读正在编辑的这个笔记，免得 AI 工具不知道要总结什么内容。

因为这段提示词要经常使用，所以应把它放到提示词文件夹中，做法在前面讲过。这样每次想要用 AI 工具进行读书笔记整理的时候，直接调用就可以了。

这样准备工作就完成了。

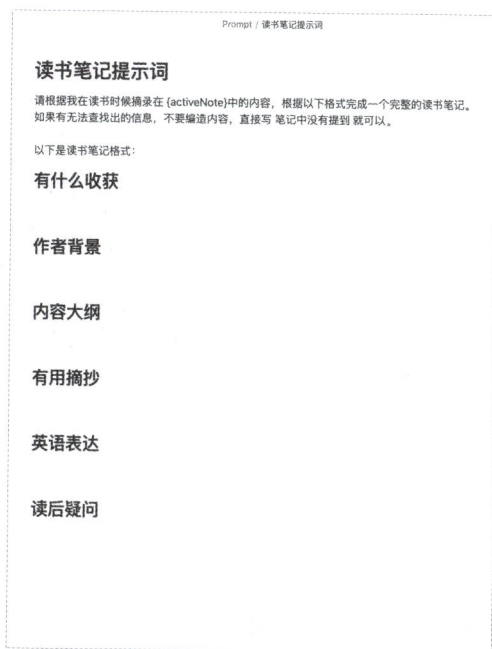

Prompt / 读书笔记提示词

读书笔记提示词

请根据我在读书时候摘录在 {activeNote} 中的内容，根据以下格式完成一个完整的读书笔记。如果有无法查找出的信息，不要编造内容，直接写 笔记中没有提到 就可以。

以下是读书笔记格式：

有什么收获

作者背景

内容大纲

有用摘抄

英语表达

读后疑问

图 3.2.5

3. 如何让摘录直接变成笔记

做好上面两步之后，看书时候摘录的内容应该已经被插件投送到 Obsidian 中了。这时打开这个摘录笔记，再点开 Copilot 的 AI 对话框，如图 3.2.6 所示。

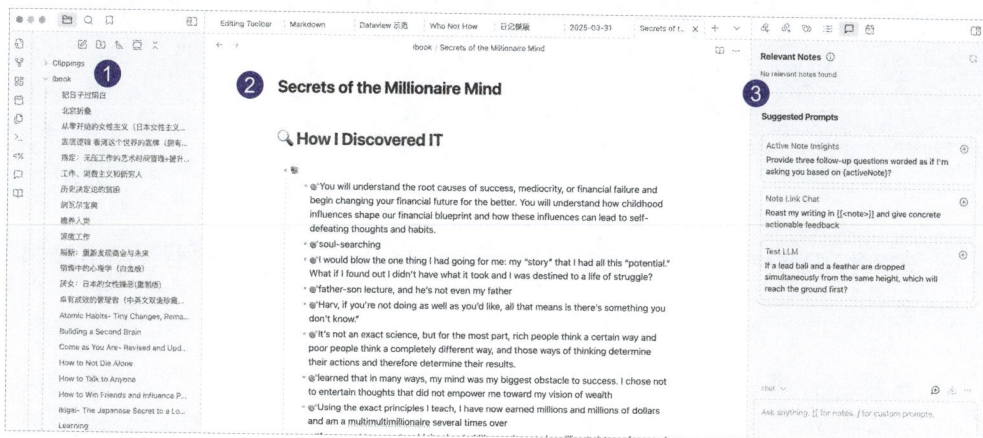

图 3.2.6

- 区域 1：用 ibook（或者其他插件）导入的所有苹果读书中的摘录。

- 区域 2：这本书的完整摘录和批注。

- 区域 3：AI 的对话操作区域。

接下来就是见证奇迹的时刻了。我们在 AI 对话框中用 / 调出存储好的提示词，如图 3.2.7 所示。

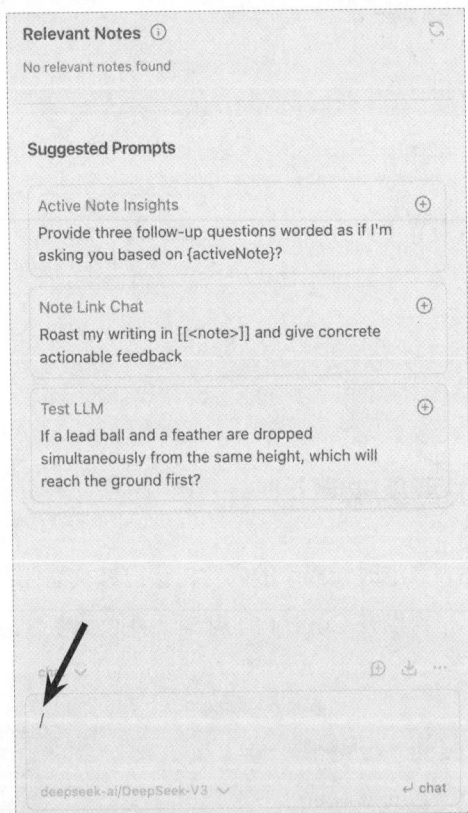

Relevant Notes ⓘ

No relevant notes found

Suggested Prompts

Active Note Insights　　　　　　　　　　⊕
Provide three follow-up questions worded as if I'm asking you based on {activeNote}?

Note Link Chat　　　　　　　　　　　　⊕
Roast my writing in [[<note>]] and give concrete actionable feedback

Test LLM　　　　　　　　　　　　　　⊕
If a lead ball and a feather are dropped simultaneously from the same height, which will reach the ground first?

deepseek-ai/DeepSeek-V3 ⌄　　　　　　↵ chat

图 3.2.7

选择刚刚设置的读书笔记总结提示词，如图 3.2.8 所示，AI 会根据要求及摘要内容开始写作。

写完之后，可以直接把 AI 写的内容粘贴到原本的摘录笔记中，也可以新建一个全新的读书笔记，再把 AI 生成的内容粘贴进去。接着把读书总结和导入的摘要这两个页面用双链连接起来，如图 3.2.9 所示（ AI 根据我的摘录直接写出的内容，一字未改 ）。

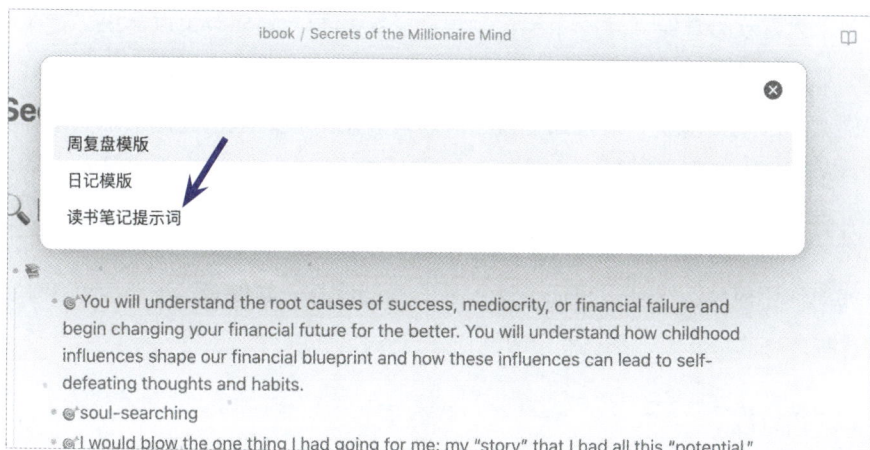

图 3.2.8

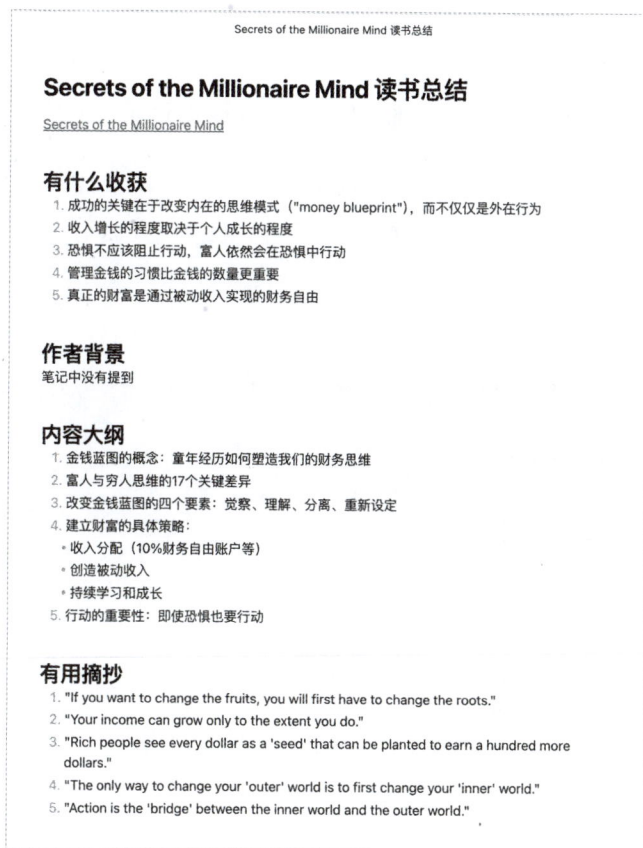

图 3.2.9

我个人喜欢给总结新建一个笔记，再把总结和导入的摘录关联起来。摘录中有很多不那么精练的内容，回顾的时候不一定看摘录，直接看总结会更好。在 AI 写好的基础上，再人工修改一下，加上自己的思考，就能很好地把握图书的大意，如果想进一步通过写公众号、做小红书图文、录制播客等方式来分享自己的读书心得，也很方便。

如果你还想精益求精，想记录这本书的基础信息，如作者、出版时间等，手动填写这些信息非常麻烦，那么有没有快捷一点儿的方法呢？

这里再告诉你一个秘密武器——Douban 插件。

4. 用 Douban 插件抓取图书基本信息

Douban 插件能够自动调用豆瓣中的图书、电影、电视剧等内容的信息，并插入笔记，这样就不用花时间去填写基础信息了。如果你用 Obsidian 做读书记录、观影记录，搭配这个插件一起使用，可大大提高效率。

下面来说说应该怎么配置。先在第三方插件市场下载好 Douban 插件，下载页面如图 3.2.10 所示。

图 3.2.10

下载好插件后，到插件设置界面中登录自己的豆瓣账户，然后就能用它来抓取图书、电影的基本信息了，设置界面如图 3.2.11 所示。

调用插件的方法很简单。直接用 Ctrl/Cmd+P 组合键调出控制面板后，搜索 douban，就能看到它提供的操作。

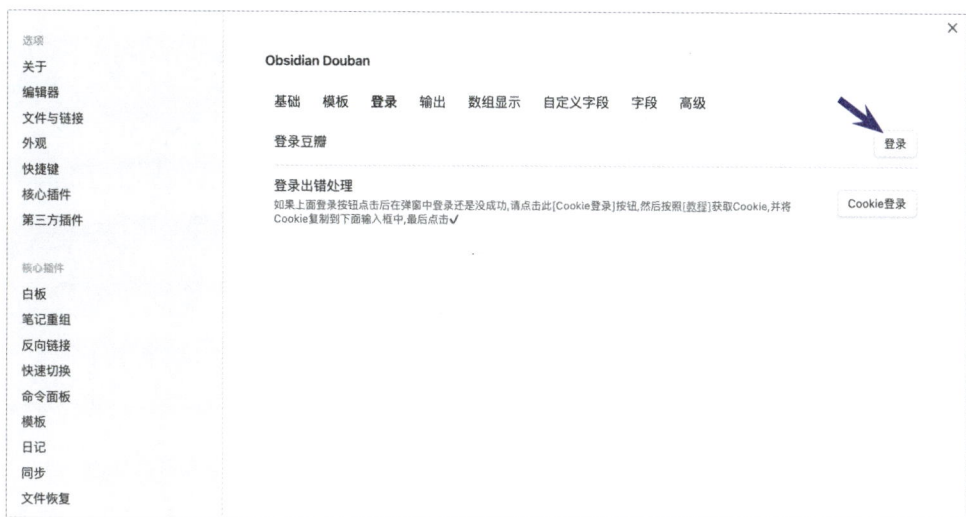

选项
关于
编辑器
文件与链接
外观
快捷键
核心插件
第三方插件

核心插件
白板
笔记重组
反向链接
快速切换
命令面板
模板
日记
同步
文件恢复

Obsidian Douban

基础　模板　登录　输出　数组显示　自定义字段　字段　高级

登录豆瓣　　　　　　　　　　　　　　　　　　　　　　　　登录

登录出错处理
如果上面登录按钮点击后在弹窗中登录还是没成功,请点击此[Cookie登录]按钮,然后按照[教程]获取Cookie,并将
Cookie复制到下面输入框中,最后点击 ✓　　　　　　　　　　　Cookie登录

3.2.11

如果要抓取图书的信息，就选择"搜索书籍并创建"选项，如图 3.2.12 所示。

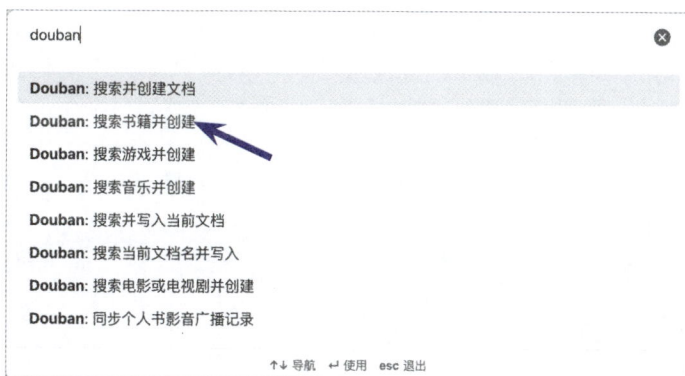

douban

Douban: 搜索并创建文档
Douban: 搜索书籍并创建
Douban: 搜索游戏并创建
Douban: 搜索音乐并创建
Douban: 搜索并写入当前文档
Douban: 搜索当前文档名并写入
Douban: 搜索电影或电视剧并创建
Douban: 同步个人书影音广播记录

↑↓ 导航　↵ 使用　esc 退出

图 3.2.12

输入书名后，会出现豆瓣中的图书的信息，一本书可能有多个版本，可根据出版社、日期来选择需要的那一个，如图 3.2.13 所示。

接着插件会新建一篇笔记，其中已经抓取好了这本书的各项基础信息，甚至还有书的封面，如图 3.2.14 所示。

图 3.2.13

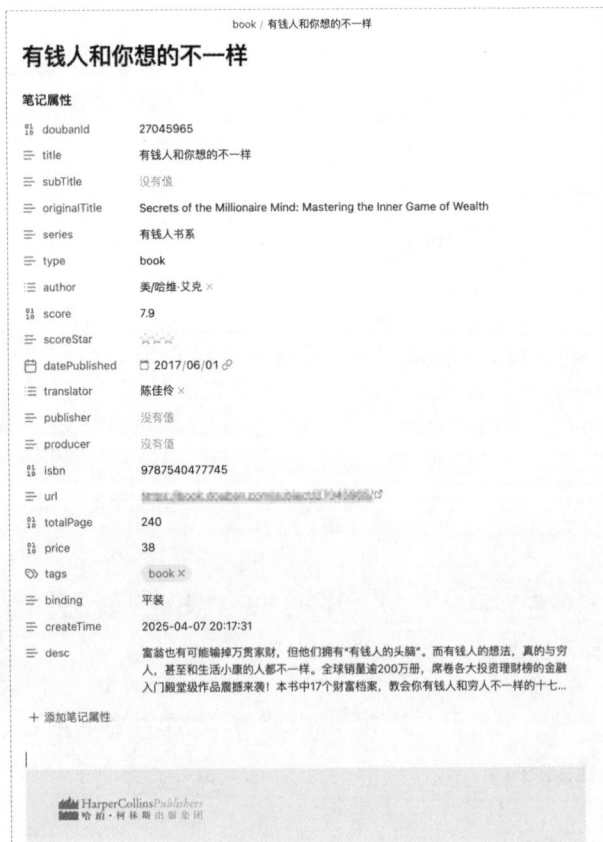

图 3.2.14

在这个页面继续写读书笔记，整个记录就更加完整了。

另外，还可以让这个插件在生成读书信息的时候使用规定好的模板。只需要到设置页面，找到 douban 插件，选择模板，设定好用什么模板即可，如图 3.2.15 所示。

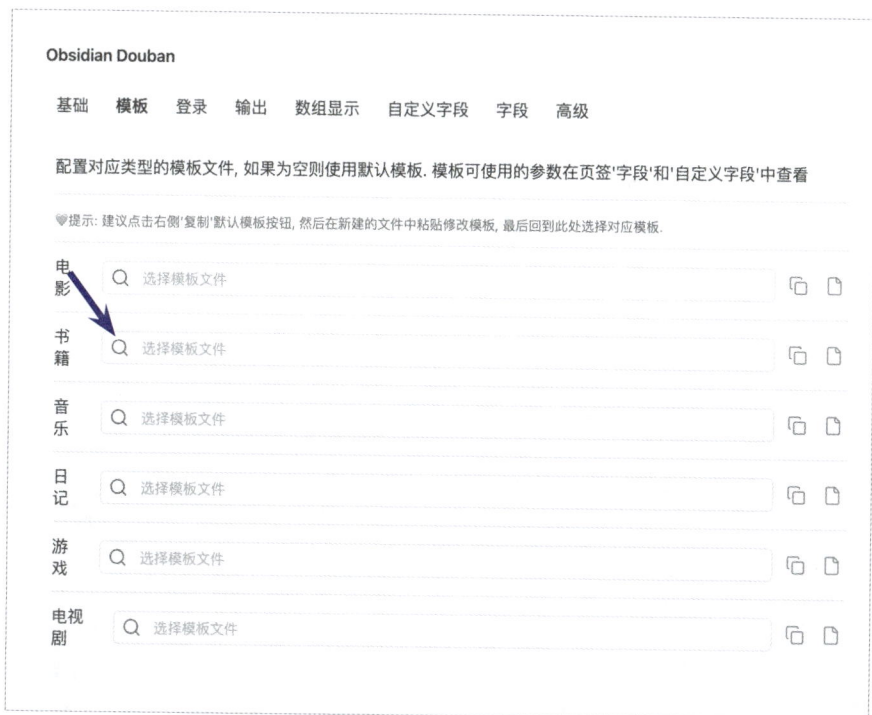

图 3.2.15

这样我们就在 Obsidian 和 AI 的帮助下，解决了传统读书笔记带来的各种问题，实现了更加智能的读书消化流程，也让更精练的内容留在了脑子中。

5. 汇总所有读书笔记

写好的这么多篇读书笔记怎样才能在一个页面中显示呢？这就需要用到 Dataview 插件了。新建一个读书笔记汇总的笔记页面，用 Dataview 自动汇总所有"读书笔记"文件夹中状态为"已完成"的读书笔记。

Dataview 的代码如下：

```
```dataview
table created
from “08. 读书笔记 Reading Journal”
where contains(tags, “已完成”)
```
```

简单说明一下，created 设置的是笔记的创建时间，from 后面加的是读书笔记的文件夹名称，这些都可以根据你的笔记情况来调整。

效果如图 3.2.16 所示。

读书笔记

File (7)	created
HowToWinFriendsAndInfluencePeople	2024-04-19
HowtoNotDieAlone	2024-04-19
HowtoTalktoAnyone	2024-04-19
OddGirlOut	2024-04-19
刻意练习	-
把日子过明白	2024-04-19
卡片笔记写作法	2025-04-24

图 3.2.16

除此之外，还可以使用前面讲到的使用 AI 工具做周复盘、月复盘的方法，让 AI 工具根据当年的所有读书笔记，做年度读书总结。

这样我们要做的事情就只是读书、勾画，剩下的事情都可以交给 AI 工具去处理。

本节总结

- 如何自动导入摘录内容

使用第三方插件，如微信读书的 Weread、苹果读书的 ibook、Kindle Highlights，以及综合型的 Readwise Official 等，它们可轻松地把阅读时做的摘录、批注同步到 Obsidian，省去手动复制及整理的烦恼。

- AI 高效汇总图书精华

准备好提示词模板，AI 工具会自动根据导入的摘录提炼图书的核心观点，生成结构清晰的读书总结，可帮助我们更全面地理解图书的内涵，避免遗漏书中的关键细节。

- 快速抓取图书基础信息

使用 Douban 插件，可一键调用豆瓣上的图书信息，自动生成作者、出版社、出版日期等基本信息，进一步简化读书记录流程，让每次读书都有清晰完整的信息背景。

- 读书笔记自动归档汇总

借助 Dataview 插件，可自动汇总已完成的所有读书笔记，并用 AI 工具进行年度复盘，让读书记录清晰易查，知识管理更加系统化，随时方便回顾与输出。

- 读书到内容输出无缝衔接

使用 AI 工具辅助整理出的精练内容，使进一步输出（如公众号文章、小红书图文、播客录制等）更加轻松高效，真正实现了从输入到输出的完整知识链路。

有了这个流程，读书不再是"看了就忘"，而是真正变成知识积累与创造价值的过程。

第三节　知识收集 +AI，碎片信息变精华

除了写日记、做读书笔记，Obsidian 还有一个更重要的用途：打造你的个人知识库。它可以把零散的信息收集起来，通过系统地加工和整理，输出成自己的内容。

市面上的稍后阅读软件有很多，随手转存信息确实很方便，但就是因为太方便，很容易走上"一直在收藏，从未再打开"的老路，最终这些稍后阅读软件成了"知识囤积症"的大型吃灰现场。究其原因，是这些软件只解决了知识收集不方便的问题，但更关键的一个问题没有解决：如果在收藏阶段不进行初步处理，等到真正要用的时候会更加痛苦。

就像买了很多衣服，如果不按季节、类型进行分类整理，而是随手扔进一个房间，当真正想穿这件衣服的时候，根本不知道该从哪里下手去找。有限数量的衣服尚且如此，更何况数量近乎无限的信息呢？如果缺乏清晰有效的整理步骤和体系，那么任凭存储空间再大，也只会被无用的信息填满。

Obsidian + AI 正是用来解决这一难题的强大组合。这一节我们来具体讲讲如何高效地应用 Obsidian + AI，让碎片信息真正变成有价值的精华内容。

1. 配置好收集工具 Obsidian Web Clipper

在前面的章节中，我们介绍过 Obsidian Web Clipper 的基础配置方法。在使用电脑、手机的过程中，它都能快速地把有用的网页内容存储到 Obsidian 中。

其实这个插件还有一个很厉害的功能，就是它能够链接上 AI 工具，在进行信息收集时，先用 AI 工具做第一次提取和总结，在收集信息的阶段就做好预处理，回顾的时候就会很轻松了。

链接的逻辑和我们链接其他 AI 工具相似，需要 Base URL、API 密钥，以及模型的名字，这部分内容在前面有详细的介绍。之前是以硅基流动为例进行讲解的，这里介绍一下应该怎么链接原生的 DeepSeek API，多学习一种方法总是好的。

先到 DeepSeek 官网创建好账号，再新建一个 API 密钥，如图 3.3.1 所示。

API keys

列表内是你的全部 API key，API key 仅在创建时可见可复制，请妥善保存。不要与他人共享你的 API key，或将其暴露在浏览器或其他客户端代码中。
为了保护你的账户安全，我们可能会自动禁用我们发现已公开泄露的 API key。我们未对 2024 年 4 月 25 日前创建的 API key 的使用情况进行追踪。

名称	Key	创建日期	最新使用日期		
obsidian	sk-4a878**********************4204	2025-02-06	2025-02-07		
Obsidian	sk-0f54f**********************092c	2025-02-15	2025-02-15		
webclipper	sk-25c12**********************e8f0	2025-04-08	2025-04-11		

创建 API key

图 3.3.1

接着打开 Web Clipper 的设置页面，找到 Interpreter 项，单击 Add provider，如图 3.3.2 所示。

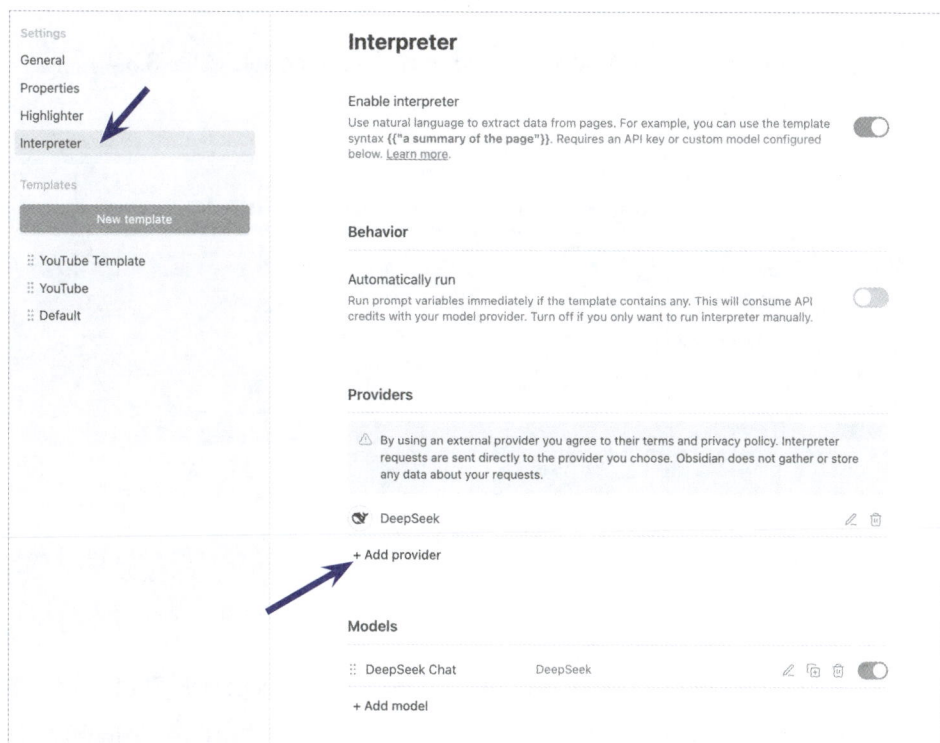

图 3.3.2

在 Provider 的下拉菜单中选择 DeepSeek，Base URL 项会自动进行填充，粘贴自己的 API 密钥后，单击 Save 按钮，设置界面如图 3.3.3 所示。

图 3.3.3

设置完 Provider，还要设置 Models 信息，单击 Add model，如图 3.3.4 所示。

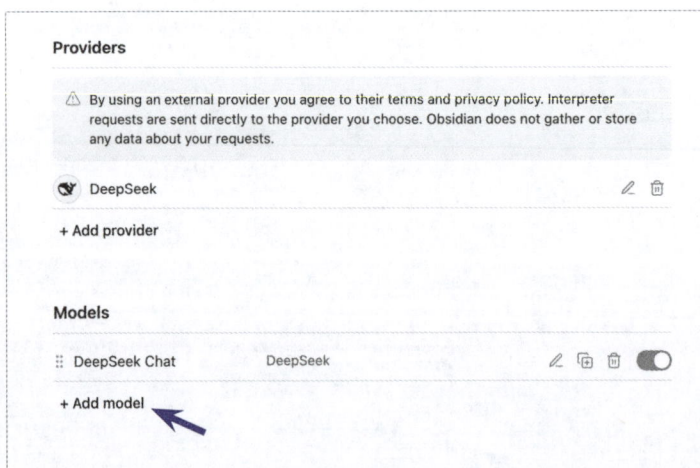

图 3.3.4

在 Provider 的下拉菜单中选择 DeepSeek，模型选择 DeepSeek Chat 即可。下面的 Display name 和 Model ID 都会自动填写。设置完成后单击 Save 按钮即可，设置界面如图 3.3.5 所示。

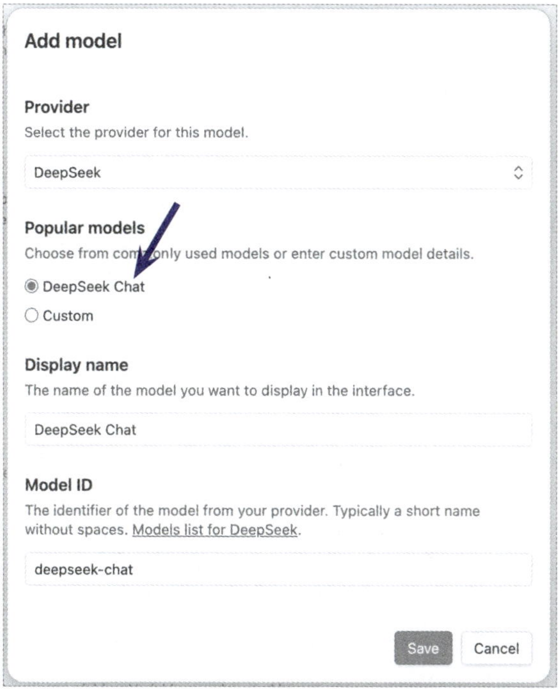

图 3.3.5

　　然后去采集模板的页面进行设置。如果想要在采集的时候就让 AI 工具总结内容，那么要先告诉 AI 怎么做才行。

　　来到 Note content 这个区域，在 {{" "}} 中写下提示词，就能告诉 AI 怎么做了，设置页面如图 3.3.6 所示。

　　如果想让 AI 在收集内容时就做一句话总结，那么就这样写：

{{"根据文章原文，做出一句话总结。"}}

　　还可以这样写提示词：

{{"根据文章原文，总结出三个要点。"}}
{{"根据文章原文，写出文章大纲。"}}

　　我自己用的提示词是：{{" 根据文章原文，做出一句话总结。并且整理出大纲，包括所有的主要观点，每个主要观点有支撑 "}}。

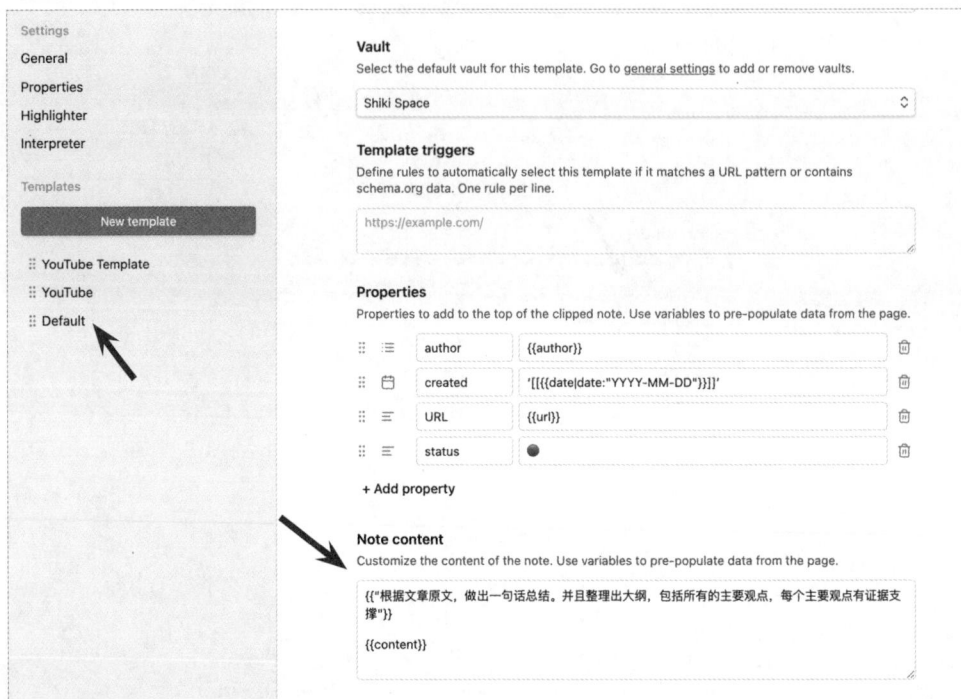

图 3.3.6

想要在剪藏的时候只要重点，不要原文内容，那么在 Note content 的输入框中只留下提示词就行了。但如果还想把原文也剪藏下来，那么记得在提示词下面加上 {{content}}，这就代表加上原文，设置界面如图 3.3.7 所示。

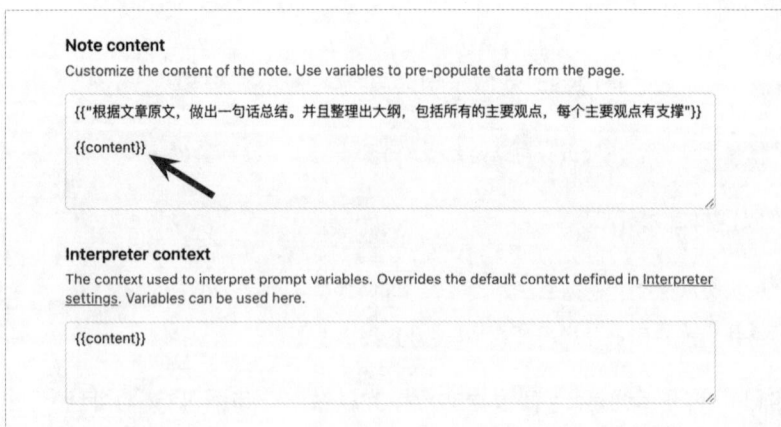

图 3.3.7

另外，需要告诉 AI 工具总结哪些内容，在图 3.3.7 下面的 Interpreter context 区域中还要填写上 {{content}} 才行，这样 AI 工具就知道要根据页面中的所有内容进行分析。

这样，就设置好了一个自带 AI 功能的剪藏工具。

2. AI 工具智能剪藏步骤

遇到有用的内容想要剪藏的时候，单击插件按钮，就会看到剪藏工具最下方出现一个 interpret 按钮（当然也有可能它自己开始运行了），如图 3.3.8 所示。

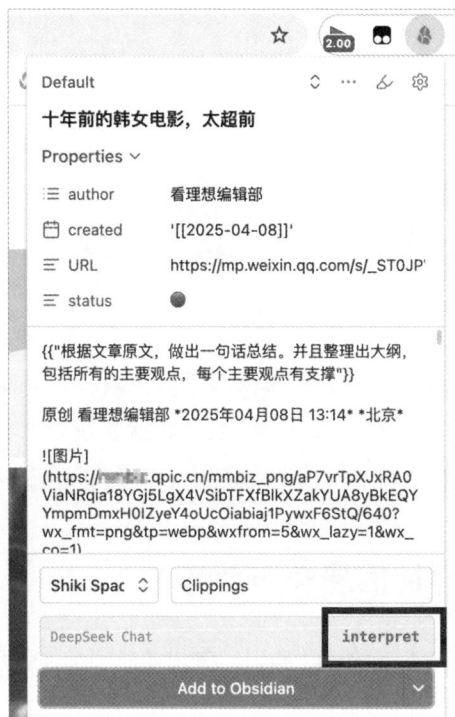

图 3.3.8

单击 interpret 按钮，可看到 AI 正在根据提示词进行内容处理。处理完成后，我们要求 AI 工具生成的内容出现在区域最上方，如图 3.3.9 所示。

在确认好内容后，单击 Add to Obsidian 按钮，这些内容就会存储到设置好的文件夹中了。

图 3.3.9

　　在这个地方需要注意一下，并不是网页中的所有内容插件都能识别。如果你配置好了 AI 工具，但是在剪藏的时候没有出现 interpret 按钮，那么说明这个页面不支持自动提取，只能手动将页面中的信息复制到 AI 工具中进行处理了。

3. 用 AI 工具把碎片信息关联起来

　　这些被瘦身以后存储下来的碎片知识，怎样才能和其他信息链接起来呢？

　　在没有 AI 工具之前，我们可能需要搜索自己仓库中存储的笔记，但现在有了 AI 工具，可以避免这些重复劳动了。比如 Copilot 这款插件，它就有找相似笔记的功能。

　　打开 Copilot 窗口后，最上方就是 Relevant Notes 区域，这里是插件通过运算自动找出来的相似的笔记，如图 3.3.10 所示。

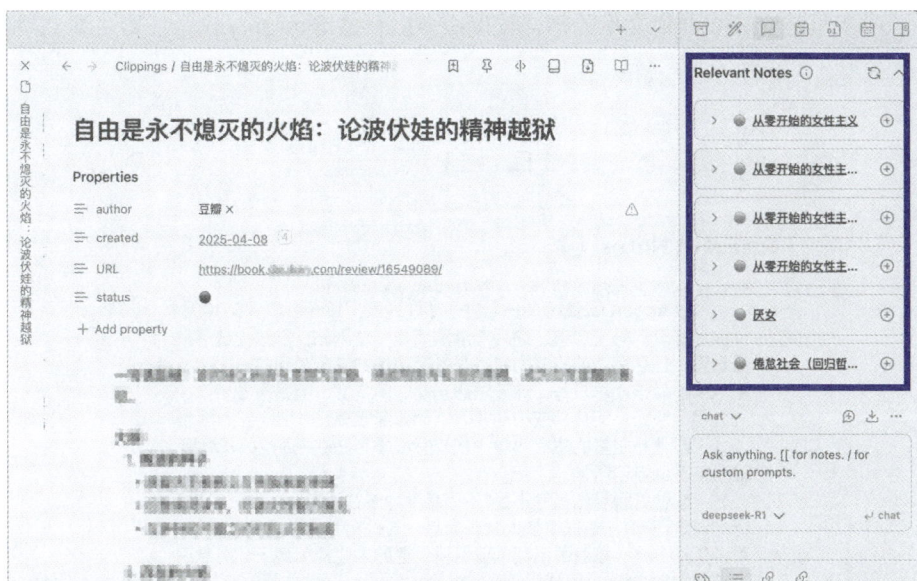

图 3.3.10

单击笔记旁边的 > 图标，可查看笔记原文，确定是什么地方和新内容有关，如图 3.3.11 所示。

图 3.3.11

AI 工具还会分析两篇文章的相似程度有多少，在 Similarity 这个位置可看到具体的相似度值，如图 3.3.12 所示。

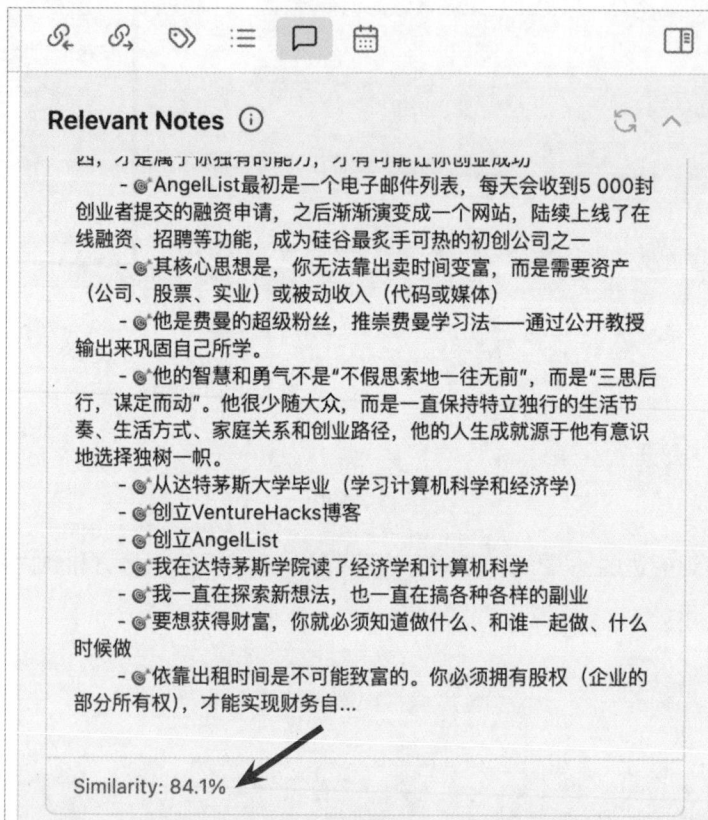

图 3.3.12

这样，我们就在 AI 工具的帮助下，将碎片知识中的精华提取出来了，并且做好了相互之间的关联。无论是之后找内容，还是利用这些知识生产内容，都会更加方便高效。更重要的是，插件免费，很值得尝试！

本节总结

虽然现在有很多信息采集工具，但如果不做好初步整理和关联，收集来的信息最终可能毫无价值。用 Obsidian + AI，能够在收集阶段就整理提炼信息，让碎片内容不再杂乱无章。

- 使用 Obsidian Web Clipper 插件搭配 DeepSeek 等 AI 模型，可实现剪藏时自动总结、提炼重点内容。

- 定制恰当的提示词，可用于不同的剪藏需求（如一句话总结、文章大纲等）。

- 利用 Copilot 等 AI 插件可直观显示笔记之间的相似度，帮助建立有效链接。

本章总结　人机协作，释放超强产能

在这一章中，我们全面探索了 Obsidian + AI 的三种高效用法：利用 AI 工具以第三方视角深度复盘日记、智能总结读书笔记，以及对碎片化的信息进行快速概括和整理。这些方法极大地提高了对知识的吸收和利用效率，让我们对 Obsidian 的潜力有了更深入的理解。

但即便如此，你可能还是会发现一个问题：知识虽被记录了下来，却仍然难以顺畅地被产出、表达或应用到具体的工作、生活，甚至是副业的发展中。知识库越积累越庞杂，反而变成了信息囤积的"黑洞"，当真正需要时无从下手，最终再次陷入"用笔记软件又半途而废"的循环。

究其原因，是因为我们虽然掌握了工具的使用方法，却缺少一套科学有效的知识库搭建逻辑，导致信息杂乱堆积，越积越乱。此外，还缺乏完善的知识管理工作流，造成收集的信息无法有效地流动和输出，始终停留在仓库之中，找不到适合的出口。

所以，接下来我们暂时拉开与 Obsidian 的距离，从更高的维度来看一看，如何科学地搭建适合自身发展的知识库，以及如何构建顺畅运转的知识管理工作流，让你记录的每一条知识都能真正为你的成长赋能。

第四章

搭建知识库：
GAP 三层笔记法
打造产出引擎

第一节　常见误区分析，不再选择焦虑

第二节　AI 时代的知识库，到底是什么样的

第三节　知识库搭建逻辑——GAP 三层笔记法

本章总结　打造高效知识库，迈向持续产出

在前三章中，我们已经学会了 Obsidian 的基础用法，还学会了如何用 Obsidian + AI 更聪明地记录日记、整理读书笔记、收集和处理碎片化信息。现在，仓库里已经积累了一批内容，是时候思考一个关键问题了——这些知识要如何为我创造价值？

很多人认为，只要收集了足够多的知识，日后就能依赖这些笔记有所收获，这个惯性思维可能源自在学校抄书、抄板书留下的后遗症。究竟应该选择积累哪些知识，又该如何利用这些知识呢？只是盲目记录，并不能体现出知识的真正价值。你拥有多少知识意义不大，能否把知识加工成有用的成果才有意义。

这就是为什么在 AI 时代，拥有个人知识库变得格外重要。

看到这本书的你，大概率和我一样，是一位知识工作者。你的价值，不在于单纯搬运知识，而在于能否将这些知识加工出新的见解、结合需求组织输出，甚至创造出能被他人认可或购买的独特产品。

可以把这个过程类比成矿泉水厂的生产过程。自然界的水源本是免费的，但经过加工、过滤、包装，就变成了市场上有价格、有价值的商品。对于知识工作者来说，信息和知识就是我们的原材料，而我们的任务，是建立起属于自己的知识加工车间，并把这些素材加工成独一无二的知识产品。

拥有独特的知识产品，意味着你能提供其他人给不了的洞察、创意或解决方案，也意味着你的产品能卖更高价、获得更强的认同感和价值感。而这些独特性并非凭空而来，源自你对所学信息的筛选、思考、整合与创造。

简单来说，知识不是静态的堆砌，而是一条动态的加工流。只有建立起自己的知识库和工作流，把收集的素材转化成个人的洞察和成果，才能在 AI 时代脱颖而出，真正掌握属于自己的竞争力和价值。

这就是为什么接下来的两章，我们要深入探索：

- 如何搭建对你真正有帮助的个人知识库。

- 如何打造一条属于自己的知识加工工作流，让信息从收集到产出都流动起来，变成推动个人成长和创造价值的引擎。

准备好了，我们就开始吧。

第一节　常见误区分析，不再选择焦虑

在正式搭建知识库之前，我想先说说最常见的误区，避开这些陷阱，能让我们在构建知识库的时候更加高效和顺畅。

1. 工具选择焦虑

在选择使用哪个笔记软件时犹豫不决，可以说是最常见的问题。有的朋友每隔一个月就会问我某个新软件怎么样，花大量时间研究新出的各种软件，以及对比多个软件间功能上的差别。但一问开始使用笔记软件记录了吗？答案总是否定的。活生生地把自己弄成了笔记软件测评达人。

在开始构建个人知识库之前，我也在工具选择上花费了大量时间。回想起来，我大概尝试过至少 20 种笔记软件，市面上你听过名字的、没听过名字的，我几乎都用过，所以我觉得自己有一定的发言权，可以聊聊工具的选择问题。

在选择工具的时候，我们首先要明确：

- 工具之间的差距并没有你想象的那么大。
- 持续更新是常态，完美的笔记软件只会是下一个。
- 根据不同情况，选择不同的工具。

虽然这本书是以 Obsidian 为主的，但其实和 Obsidian 类似，有双链功能的笔记软件还有很多，像 Notion、思源笔记、飞书、腾讯文档等，它们都能实现笔记之间的双链。这些软件在关键功能上的差异也并不太大，没有必要在选择工具上纠结太久。

在软件上创造一个新功能非常难，所以当一个新功能被创造出来之后，同类型的软件都会紧跟而上，结果就是软件同质化严重。就像 Obsidian 引入了双链功能后，现在的笔记软件如果没有双链功能都不好意思发布。所以，不要花太多时间在"哪个软件最好"的问题上，要专注在"如何高效使用它"上。

在接下来讲解知识库搭建的内容中，我也并不会只针对 Obsidian 来介绍，任何一个你用着顺手，有标签、双链、搜索、AI 功能的记录软件都可以用来搭建知识库。只不过像 Obsidian 这样又是开放生态，又能把笔记存在本地的软件，确实比较少，用起来会更加安心，但并不是只有这个软件才能搭建知识库。

和找到最好的笔记软件相比，选定一个软件坚持用下去更重要。如果已经在一个工具中积累了大量内容，就尽量长期使用它。笔记和知识都很吃复利，你在一个软件中存储了足够多的知识，才能够找到知识之间的关系，从中生长出自己独有的东西来。频繁更换软件不仅浪费时间，还会让你的知识库分散，不利于积累和深度整理。

我相信从你开始用笔记软件到现在，已经更换过很多不同产品了，每一次换新软件，功能都会有很大的提升。几年之后，现在最好用的软件也会过时、功能也会不够用，软件功能的更新是必然的事情，所以完全没有必要纠结哪一个软件更好用，因为几年之后你都会做一次笔记搬家。只要记录的内容能很方便地导出，任何一个笔记软件都是可以使用的。

而且我们对工具的选择，也会随着周围环境而改变，有些软件适合自己用，有些软件适合团队用。比如我在上班的时候主要使用腾讯文档，因为工作中的团队协作最需要的就是简单易操作，而且要有权限管理功能，至于知识和信息管理的需求，只要能方便地进行双链、搜索就足够了，操作太复杂的，反而抬高了团队成员使用的门槛。

你可能会说，那岂不是要学习使用很多不同的软件？当然不是，就像前面说的，软件和软件之间的功能差距并没有想象中那么大，腾讯文档和飞书的多维表功能，就和 Obsidian 非常类似。掌握了一个软件的用法，以及知识管理的逻辑，在任何软件上都能快速搭建起自己的知识库。

总之，不要纠结用哪个工具，先用自己顺手的工具记录起来再说！

2. 缺乏输出需求

很多人想搭建知识库，是因为看了某个视频、刷到某篇文章，突然被种草："哇，原来有了知识库，人就会变得高效、聪明、强大！"于是兴冲冲地开始收集资料、下载软件、买课程、学方法，搞得像模像样。但十天半个月之后，忽然发现：自己并没有用上任何东西，笔记文件夹里积满了资料，收藏夹里塞满了网页，软件装了又卸、卸了又装。好的情况是放弃知识管理这件事，继续回归自己正常的工作生活；坏的情况是陷入自责：为什么别人能搞好知识管理，我却不行？我是不是不够自律、不够聪明？甚至对自己产生否定情绪。

如果这也是你之前陷入过的陷阱，那么现在先放下书，问问自己有没有想要输出和表达的需求？如果此时此刻你没有这份需求，那么可能你根本不需要做知识管理这件事。

任何事想要长久坚持下去，都是因为它满足了你的某种需求。要是没有需求，搞再完美的系统、用再厉害的工具，都是在浪费时间。

就像老板花大价钱买下一家工厂，雇人设计、装修、采购设备、安装流水线，搞得热热闹闹，但实际上，他并没有打算用这个工厂生产任何产品，只是为了显得有面子、有排场，这样的工厂能长久运营下去吗？

知识库的搭建也是一样的。搭建它的最终目的是帮你产出——产出内容、产出成果、产出影响力。你必须有"我需要把什么东西做出来"的需求，才会自然产生去收集、整理、归纳、思考的动力。

如果你没有任何输出需求，那收集的动机就不成立。到最后，你不过是在虚构一个"我很努力、很上进"的幻象，用不断积累资料的假动作，掩盖自己其实什么都没做、什么也不需要做的事实。

这里要特别提醒一点：输出不一定是做账号、做个人 IP、卖课、搞知识付费。很多人一提到输出，就觉得是要去当博主、在网上发表个人观点。其实完全不是这样的。

可以输出生活中的小事，比如符合自己喜好的菜谱。想要做出这个菜谱，是不是需要经常搜集健康食谱、各种科普文章，最后还会记录一下自己每天吃了些什么，身体的感受怎么样，有哪些食物是自己喜欢的、哪些是健康但咽不下去的？把这些信息汇总起来，就能得到一个属于你的独一无二的健康菜谱。

输出也可以是工作上的，汇报一段时间的工作进展，给团队写的操作手册、内部指南、项目总结、复盘报告、客户方案等。

这些都是实打实的输出，都可以成为你的知识库运转起来的理由。只要找到自己需要输出的内容，就能体会到知识管理真的有用，而不是麻烦事儿。

3. 盲目收集信息

现在已经克服了工具选择焦虑，也明确了自己确实有输出需求，接下来的问题就是：到底要收集什么，怎么收集？

这一步往往是大多数人翻车的地方。尤其在 AI 时代，这个问题变得更加棘手，因为生产内容的门槛变低了。以前写一篇长文章，创作者需要认真构思、打磨、反复修改才能发布。现在有了 AI 工具，写文章、做视频、生成图片、写笔记的速度极大加快。从表面上看，信息变得更丰富了，但实际上，有价值的信息反而变少了。

内容创作者为了霸占屏幕，一个话题能拆成 100 条短内容发出来。一个观点，为了满足搜索引擎的关键词、SEO、流量池需求，废话可能要说上 800 遍。标题、封面越来越花哨，实际内容可能只是简单的"AI 扩写注水货"。

这些东西你需要收藏吗？完全不需要。

要想避免陷入"收藏一大堆，回头全没用"的陷阱，我们首先要建立一个"不收藏清单"。

下面这些是我绝对不会收藏的内容。

（1）普世观点
"要有长期主义精神""专注比努力更重要""坚持是通往成功的唯一道路"……

这些人人都知道，没有必要单独收集，因为它们并不能为你的输出提供独特价值。

（2）未经验证的非官方信息

在社交媒体上，尤其是在抖音、小红书、微博、豆瓣上，很多帖子是个人的经验总结，真假难辨，甚至完全是带货、引流的虚假内容。这种信息收集进来，只会让你的知识库变成垃圾场。一般来说，涉及政策、数据、官方解读的信息，去权威网站查，不要随手捡网络流言。

（3）碎片原文

很多人习惯收藏金句，如果是自己看了原文之后的摘录，这完全没问题，但如果是别人摘录而且还没有注明出处的碎片原文，基本没有什么参考价值，只是看起来"不明觉厉"，这些脱离场景的漂亮话，不需要收集到知识库中。

这里我再举一个反面的例子。

有个朋友曾经用 Notion 搭建过一套知识库，其中收集了几十篇关于"如何提高专注力"的文章。有一天他跟我抱怨："我现在越看这些内容越焦虑，感觉专注力没有提高，反而更分散了。"

我打开他的笔记，发现其中全是鸡汤、空话："减少干扰""设定目标""要有意志力"，明明是早就知道的道理，却因为不停收藏、堆积，造成了信息过载。更重要的是，他在收藏时没有一条是自己的总结，也没有一条是个人反思，这些信息和一堆复制粘贴的网页没区别。

所以，有效的信息收集不仅仅是"存下来"，而是"存什么"和"存成什么样"。

在收集信息的时候做好筛选，做好内容的提炼，有可能的话记录下自己当时的想法，哪怕只是一句话："觉得有意思""这是适合我的场景""可以用在工作项目里"，都会极大提升回顾时的可用性。

在 AI 时代，想要普适化、通用型的答案，完全可以交给搜索引擎、交给大模型，没必要囤在知识库里。你的知识库真正要存放的是那些"针对你的需求、你的目标、你的场景"筛选出的独特内容。

4. 信息整理混乱

终于，经过一段时间的努力，你成功地积累了自己的知识库，不再在"收集什么"的问题上迷失方向，而是能够根据自己的需求有条不紊地积累需要的知识。然而，又出现了新问题：如何存放和管理这些信息？信息的存放方式直接影响后续的使用和访问效率，很多朋友在这个地方陷入了整理的困境。

现在市面上有很多讲知识管理的书，有很多笔记管理的流派和方法可供选择，但大部分方法其实是在双链笔记软件出现之前产生的。在 Obsidian 这样的双链笔记软件诞生之后，如果继续使用老的方法进行知识整理，实在是"没苦硬吃"。

笔记整理的方法总结下来有三种：

- 文件夹
- 标签
- 链接

要想做好笔记整理，一定要清楚地知道上述这三种笔记整理方法的优缺点。

文件夹管理： 最低程度地解决了笔记存放问题。文件夹管理是最早的文件存放方法之一，也是在纸质笔记和早期的数字化记录中最常使用的整理方法。它简单明了，可以通过不同的文件夹来归类不同的信息，给人一种清晰的层次感。桌面上的各种文件夹，让人有种井井有条的感觉。然而，文件夹管理方法在数字时代具有明显的局限性。

文件夹最低程度地解决了"怎么放"的问题，却无法适应复杂多变的信息结构。特别是当笔记数量增多时，文件夹的结构容易变得混乱。文件夹到底要分几个层次？一个笔记到底应该放到哪个文件夹中？每次存放笔记的时候，都要为这些问题而烦恼。查找和分类会变得更加困难。

现在文件夹的作用应该只是根据功能来简单区分笔记类型，例如，剪藏笔记、产出笔记、日记、笔记模板等，我们知道某一类笔记存放在哪里就可以了。

标签管理： 另一种常见的笔记整理方式，标签能帮助我们快速标记和分类笔记，尤其是在信息量不大的时候，效果尤为显著。标签管理的优势在于其灵活和便捷，但它也有一些明显的不足。

（1）标签重复

这是最常见的问题。如果没有合理的命名规范，标签容易重复，导致信息分类混乱。例如，同样的内容可能被打上"市场营销"和"广告推广"两个标签，但它们之间的关系不清晰，明明应该分在同一标签下的笔记，因为标签的名称不规范，被不小心放在了两个标签下，导致查找时出现不完全的问题。

（2）标签关系不明确

标签本质上是对内容的简单标记，每个标签下的笔记是不存在进一步关系的。随着时间的推移，一个标签下堆积的笔记越来越多，此时就失去了标签的管理功能。

（3）标签数量过多

随着信息量的增大，标签的数量也会逐渐增加，到了那时，我们不仅要管理笔记，还要管理标签。

在现在的笔记软件中，标签用来做初步分类是很好的。我推荐用标签来做简单的笔记状态区分，比如标记这个笔记是正在整理还是已经整理完了。

添加笔记链接：这才是找出笔记的关键。随着笔记软件的发展，现阶段能够真正让笔记高效互联、产生价值的方式，就是添加笔记之间的链接。其实，把笔记通过链接的方法组合在一起灵活管理，并不是最近才有的事。让我们把时间拉回到 500 年前，那个时候的人是怎么做知识管理的呢？

16 世纪，瑞士博物学家、医生、语言学家康拉德·格斯纳，靠着在小卡片上记录信息、分类和整理，开创了知识管理的先河。他发明的卡片笔记法，不是单纯地把信息写在卡片上，而是强调分类、编号、引用，把这些零散的卡片联系起来，形成一个知识的网状结构。

这种方法在后来被不断优化，最著名的实践者就是德国社会学家尼克拉斯·卢曼（卢曼老师的名字在后面还会频繁出现）。他用卡片记录观点、研究问题，每张卡片都通过编号和引用，与其他卡片建立联系。依靠这个系统，他一生中写了 70 多本书、400 多篇论文，学术产量惊人。

我们今天用的双链笔记软件（比如 Obsidian、Roam Research、思源笔记等），本质上就是卡片盒笔记法的数字化、升级版，它们让你在一个笔记中随时提及另一个笔记，用 "[[双链]]" 把碎片信息链接起来，形成一个不断扩展的知识网。这样一来，你不仅能找到某篇笔记属于哪个分类、带了哪些标签，更重要的是，你能看到它和其他知识之间的真正关系。

相信联系的力量，就是相信你大脑真正擅长的事：不是死记硬背，而是串联和联想。

我们真正记住的，从来都不是孤立的知识，而是它和其他事物之间的关系。你可能不记得某本书的全部内容，但你记得它帮你解决过的一个问题；你可能记不住一个理论的定义，但你记得它和你经手的某个项目产生过怎样的联系。

链接就是帮我们在知识库里重现这种大脑的联想网络。每当你在笔记中加一条链接，就像在知识网络里打下一个节点，让它和其他节点产生可视化的、可导航的关系。这种网络越密集，你找到灵感、答案、线索的速度就越快。

双链笔记软件的最大优势，就是能自动帮你生成这张关系网。你不仅能手动添加链接，还能通过反向链接发现：原来有一个笔记曾经提到过它；还能通过 "相似笔记推荐" 功能让 AI 帮你找出潜在的关联。

这也是在用知识库管理知识的时候要多多使用链接的原因。

5. 完美主义拖延

完美主义，堪称知识管理路上的终极大魔王。很多人一开始搭建知识库，就想一步到位做到 "完美"：要有最科学的分类、最优雅的命名规则、最漂亮的排版、最系统的架构。于是他们去看各种教程、翻各种模板、研究各种视频，结果光是工具配置、目录结构设计、颜色标签选择就折腾了好几天，甚至几个星期，一篇笔记都没写，真正要收集、整理、产出内容时被完全卡住了。

这种 "准备永远不够好" 的焦虑感，到了输出阶段会变本加厉。你想写一篇公众号文章，结果觉得素材整理得不够完善；你想整理一份工作总结，担心自己表达不够全面；你想开始录播客，觉得自己的观点还不够成熟。完美主义在耳边不断提醒你：再等等，再多想一点儿，再多改几次，于是，你什么都没开始干。

可事实是，没有哪一个知识库、哪一个作品、哪一个输出第一次产出就是完美的。完美，是在不断尝试、不断修正、不断实践中慢慢接近的。等你把第一批笔记收集好、第一篇文章写出来、第一次知识复盘做完，你才会发现：事情没有想象中那么糟，许多卡住你的地方，是行动之后才能找到解决方法的。

知识库是一个持续演化的系统，不是一开始就要建立起来的完美宫殿。与其陷入完美主义的死胡同，不如从现在开始，哪怕只是收集一条小想法、写下一段模糊的总结、做一个不完整的输出，也比空想强百倍。

走出完美主义的魔咒，你才真正踏上了知识管理的起跑线。

本节总结

盘点完搭建知识库时最常见的五大误区，你会发现这些误区都源自一个本质——搞清楚"为什么要做"。

你不是为了使用最酷的工具去做知识管理，也不是为了堆满收藏夹而去收集资料，更不是为了搭建一个看上去漂亮的系统而迟迟不开始。

你做这一切，只是因为你有真正的需求：要表达、要解决问题、要产出成果。

当你用需求去反推搭建方式时，你就能明白：工具选哪个、收集什么、怎么整理、何时开始，都不再是障碍。因为真正重要的，不是把知识库建得多漂亮，而是它能不能在你需要的时候，帮助你行动、帮助你解决问题。

在接下来的第二节，我们就要从这些心理和方法论的误区里跳出来，正式进入实操部分：在 AI 时代，到底什么样的知识库才是合格的？应该具备哪些原则和功能，才能真正发挥它的价值？无论你选用什么工具，这些核心要素都是搭建时不能忽略的。让我们一起来了解如何为自己的成长和产出，搭建一个真正高效、灵活、能与 AI 协作的知识库系统。

第二节　AI 时代的知识库，到底是什么样的

如果说上一节的中心思想是帮你避坑，不要误入在知识管理上最容易踩中的陷阱，那么这一节要说的是，在 AI 时代，一个有效的知识库应该是什么样？需要具备什么条件？

如果你平时关注过与生产力相关的内容，肯定听过"第二大脑"这个概念，也看过无数教人记笔记、做知识管理的书。可是这些理论，大多诞生在 AI 大规模被广泛应用之前。过于依赖从前的方法来应对现在的问题，就像有了天然气但还要钻木取火。很多人就是因为照搬这些传统方法，结果搞得自己疲惫不堪，忙着整理笔记、收藏资料、做分类、贴标签，最后知识库不仅没帮上忙，反而成了时间黑洞、精力负担。

那么，AI 时代的知识库到底应该长什么样呢？

在接下来的部分，我就带你用全新视角重新审视工具、方法和架构，找到真正适合这个时代的搭建工具和方向。

1. 采集—归类—表达，在一个知识库中完成

搭建知识库最基本的要求，就是让所有关键步骤都能在一个地方完成。换句话说，知识库必须具备从信息采集、归类汇总到最终表达输出的一体化能力。

为什么一体化这么重要？

可以用一个大家都熟悉的例子来讲解：特斯拉在上海建立超级工厂。传统汽车制造商常常将零部件生产、组装、调试、物流、销售等分散在不同地区，虽然每个环节看起来都很高效，但中间环节的协作、运输、沟通所消耗的成本和时间却是巨大的。特斯拉选择在一个地方集中所有环节，就是为了减少中间环节带来的摩擦，把生产、组装、交付连成一条线，效率自然飞速提升。

知识管理也是同样的道理。如果你用一个软件做信息收藏、用另一个软件做归纳总结、再用第三个工具去生成内容，表面上每个工具都专精高效，但在来回切换的过程中，精力是被反复消耗的。尤其在每个工具之间搬运内容、重新整理格式、调整语境时，这些无形的摩擦会大大降低整体效率。

一个好的知识库，应该能做到在同一个地方完成如下环节。

- 采集：把看到的网页、书籍、视频、访谈、邮件中的有用内容随时存入系统。

- 归类：通过标注、分类、整理、总结，把有关联的内容组合在一起。

- 表达：基于这些已经组合好的碎片信息，迅速生成演示文稿、文章、报告、总结、甚至是社交媒体内容。

比如，在 Obsidian 里，你可以用 Web Clipper 插件直接采集网页、用双链功能快速整理并归类采集到的信息，再用 Copilot 插件或接入 AI 工具生成初稿或提纲。这意味着，整个信息流从输入到输出都在同一套系统里完成，省去了在多个应用之间跳转、整理格式、复制粘贴的麻烦。

当然，不是说非得用 Obsidian。只要选择的工具能同时覆盖采集、归类、表达三个环节，它就是一个合格的知识库创造候选软件。像 Notion 通过插件生态和 AI 集成功能，也逐渐具备了这些特性；还有一些主打知识管理的软件，比如 Workflowy、Heptabase，也都能很好地完成这些环节。

总之，一句话，能串联起信息流全部步骤的工具，才能在 AI 时代立得住。省下来的不是工具之间的整合时间，而是你用来思考、创造、发声的宝贵时间。

2. 知识能自由导入导出，解锁多 AI 工具协作

在 AI 时代，仅有一个强大的笔记软件还不够，真正强大的知识库，一定要有开放的生态，能自由导入导出内容，才能让你的笔记变成各种 AI 工具的"原料"，从而放大其价值。

为什么？因为 AI 工具的更新速度非常快，不断有更强大的模型、更精准的功

能出现。比如今天 ChatGPT 表现出色，明天 Claude 在总结长文时更胜一筹，后天 DeepSeek 在中文场景下细节处理更细腻。如果你的知识锁死在某一个笔记软件或某个 AI 工具里，一旦这个工具倒闭、停更，你就会被绑死、失去主动权。

开放生态最大的好处是可以让不同的 AI 工具各展所长、分工合作。

- Claude：超长上下文总结，擅长分析和归纳海量笔记资料，可以用来做年度总结或整合大项目的进度报告。

- ChatGPT：擅长对话和创意写作，可用它来润色、扩写笔记，快速生成小红书、公众号等内容文案。

- DeepSeek：中文理解和推理能力强，适合对中文笔记进行细致分析、提取要点。

- Gemini：图片与文字混合处理能力强，可以让你上传带图的笔记，并分析图片与文字的关系。

- Perplexity：更擅长检索和引用，用来基于你的笔记的内容快速补充最新信息或引用外部资料。

这些工具各有擅长，未来的知识管理一定不是单打独斗，而是多工具协同、混合使用的。你需要根据不同任务，灵活调用最合适的 AI 工具，而不是把所有希望都寄托在一个"全能笔记应用"上。

要实现这种多工具协作，笔记的开放性是前提。只有笔记能自由流转、灵活提取，你的知识库才能随时升级、随时进化，真正跑赢这个不断加速的 AI 时代。

用 Obsidian 做知识库，能很好地利用它的开放特性，因为所有笔记都能到处搬运使用，不会被锁死在一个地方。

3. 知识库存储的内容，要方便 AI 工具读取

在 AI 时代，仅人类能看懂知识库还不够，必须要让 AI 工具也能读懂。如果你的资料从笔记中导出之后是一种奇怪的格式，AI 工具想帮你提取都无从下手，等于直接把通道堵死。

这里的关键是要用 AI 工具能看得懂的格式，也就是最简单、最通用的 Markdown 格式。这种格式不仅人能直接看懂，AI 工具也能轻松解析。

一个 AI 工具友好的知识库，必须要用最开放、最通用、最可解析的格式存储内容，而 Markdown 无疑是最好的选择之一，这也是 Obsidian 作为知识库的优势之一。

4. 能让 AI 工具直接接入知识库

上面说到的 AI 工具和知识库协同的方法还比较原生态，需要你复制笔记里的内容、切换到 AI 工具的窗口、将内容粘贴进去提问，再把结果复制回来，整个过程比较烦琐。如果直接能让 AI 工具接入知识库，就能节约很多切换的时间。

Obsidian 在这方面做得非常出色。在 2023 年年底，社区插件市场里就已经出现了多个支持 AI 大模型的插件，现在很多 AI 插件的下载次数都超过 60 万次，非常厉害。比如前面介绍的 Copilot，它能支持接入 ChatGPT、Claude、Gemini 等主流模型，可以在侧边栏对话窗口中直接调用笔记内容，让 AI 帮助总结、提炼、生成新内容。Text Generator，专注于生成型内容，比如自动补全文字、优化措辞、改写文章，非常适合写作和内容生产。

更厉害的是，这些插件的开发者都非常活跃，更新频率惊人。几乎每隔一两周就会有新功能上线，只要世界上有新出的 AI 模型，Obsidian 社区的开发者就能很快帮你接入进来。

虽然市面上很多笔记软件也都带有 AI 功能，但大部分都无法选择用什么模型，只能用软件提供的那一个，生成的效果不好也没办法更换，这也是为什么我选择 Obsidian 做知识库的重要原因。

5. 知识库直连发布平台，实现真正的自我表达

知识库存在的最大意义，不是为了"囤"知识，而是为了用知识。只输入、不输出的知识库，就像一个只进不出的池塘，最终只会积满死水，失去流动性和生命力。很多人搭建知识库，前期热情满满，拼命收集、整理，最后却陷入"整理完了以后呢？"

的迷茫，原因就是忘记了——知识库的终点，最终是为了帮助你实现表达。

这种表达未必是公开的，可以是做视频、写公众号、录播客，也可以是团队内部的：写一篇工作总结、整理一本操作手册、输出一次项目复盘，都是你把知识变现（不一定是金钱，而是影响力和成果）的机会。知识库的生命力，就来自这种持续的输入—加工—输出循环。

许多知识库工具都支持直接和发布平台对接，比如 Obsidian 支持用 Markdown 插件一键生成公众号文章、飞书文档可以直接分享为网页、Notion 甚至可以用作小型网站发布工具。也就是说，当你的知识笔记整理到一定程度，不需要再进行复杂的排版、转格式、重新搬运，就可一键发布出去，让更多人看到、使用、反馈，这才是知识库不断进化的动力。

所以，真正能帮你成长的知识库，不是冷冰冰的笔记仓库，而是随时能直通输出场景的创作引擎。越是能让你轻松表达、快速实践、不断发布的知识库，越能带来长久、持续的复利。

本节总结

在这一节中，我们全面梳理了在 AI 时代，一个高效的知识库应该具备的特征：它要能在同一个地方完成采集、归纳、表达；要有开放的生态，能自由导入导出；要用 AI 工具友好的格式存储内容；要支持直接接入多种 AI 工具；最重要的是，它要能直通表达场景，把知识真正用起来。

不过，说到这里，你可能也意识到：光是搭好"工具架子"，并不能自动保证知识库的高效运作。即便有了强大的工具，如果内部没有合理的存放、组织、连接逻辑，知识依然可能陷入混乱，甚至再次被埋入无用的信息堆中。

要让知识库真正发挥价值，还需要解决一个核心问题：到底应该将什么样的信息放进知识库？放进去之后，按照怎样的逻辑存放和串联，才能让它们随时被调动起来，为我们的工作、生活甚至副业带来实实在在的帮助。

这些内容正是接下来要讲解的重点。

下一节，我们将进入 GAP 三层笔记法——一个专为 AI 时代设计的知识组织模型。它将带你从根本上厘清：哪些信息该存、该连、该用，帮你搭建一个真正围绕自身需求运转的知识库。

第三节　知识库搭建逻辑——GAP 三层笔记法

根据上一节的介绍，我们已经选择了合适的工具，能够高效地收集需要的知识，并且确保每一条信息都经过严选，有价值的内容才会进入我们的知识库。

做这一切的目的就是保证知识库中的内容始终是有用的，能够支持输出目标，成为知识生产源泉。

把有用的内容收集进来，这只是开始。真正重要的是下面这一步：将这些精选的碎片信息连接起来，让它们形成有机的整体，让知识库真正运转起来，并开始源源不断地产生价值。

1. 知识库顺利运转的实质

其实，知识的输出过程就像工厂中产品的生产流程。原料进入工厂后，并不是随便丢进车间就能自动变成成品的。它们首先会被分类、标识、分批入库，根据不同产品需求进入对应的生产线，经过一系列有序的加工、组合、质检，最终才能形成成品，进而被推向市场。知识的产出过程与此并无二致——只是工厂的产品生产发生在流水线上，而知识的产品生产在知识库中完成。

一个工厂想要高效产出，靠的不仅仅是先进的流水线，它背后必须有一套精心设计的仓储、物流和生产管理系统，以确保原料能以最短的路径、最小的摩擦进入生产环节。每一份原料都清楚标识、各就各位，才能让生产线高效运作。要是仓库里的原料摆放毫无规矩，就算你有功能最强大的机器、最聪明的工人，也做不出好产品。

知识的产品生产也一样。如果没有良好的信息存储和组织方式，原本有价值的碎片信息就会像散落一地的零件，彼此之间失去联系，最后只能成为无用的"废料"。你可能收集了很多笔记、想法、灵感，但如果它们彼此之间毫无关系、没有被系统地管理和加工，那你根本无法用它们产出新的产品。

更麻烦的是，知识管理甚至比工厂管理还要复杂。工厂的原材料通常只能用一次，变成一个具体的成品之后就结束了；但知识原料——这些碎片化的笔记——却可以被反复利用、重组、应用到不同场景中。理论上，原料 A、B、C 可以用来生产无限种组合的知识产品，只要你知道它们放在哪里，知道它们之间有什么关联。

这也是为什么随着 AI 的普及、信息收集工具的优化，我们能获取的信息量越来越大，但面对的信息管理难题也越来越多。再怎么控制输入的质量，我们手上的笔记数量依然会远超以往；再怎么有选择地收集信息，如果没有及时整理和加工，依然会出现"生产线堵塞"——堆积如山的碎片信息迟迟得不到有效处理，无法被转化成真正的产出。

这其实就是大多数人在知识管理中遇到的最大瓶颈：这些碎片信息应该如何存放？如何组织？如何让它们之间产生关联，以便能被高效调用？

有很多经典的方法和理论来帮我们管理这些信息，比如文件夹、标签、分类树等，但在信息量巨大的今天，这些老办法已经很难完全满足我们对知识高效提取、加工和再利用的需求。幸运的是，随着技术的进步，特别是 AI 的引入、双链笔记软件的出现，我们已经有了新的方法和工具来应对这些挑战。

不过知识库的搭建也只解决了"知识放在哪里、怎么放"的问题，也就是帮我们把信息像原料一样整理好、存放好、关联好。而涉及"这些信息要怎么加工、怎么一步步变成产出"的具体处理流程，其实是一个完整的工作流（SOP），这部分内容我们在下一章中单独详细讲解。

接下来，就和我一起深入了解如何用 GAP 三层笔记法来搭建和优化你的知识库，让碎片信息变得更有序、更高效，真正成为你的知识生产引擎。

2. 什么是 GAP 三层笔记法

GAP 三层笔记法是用三个文件夹来管理所有笔记：采集（Grasp）、归类（Arrange）、表达（Present）。从文件夹的名字就可以看出，这三个文件夹分别代表了知识处理的三个阶段——收集、整理、产出。当然，你可以根据自己喜欢的名字来命名文件夹，如图 4.3.1 所示。

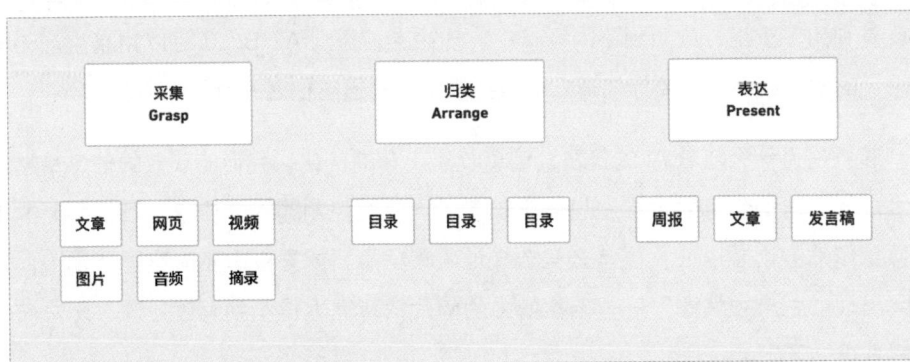

图 4.3.1

采集，这是我们收集知识的第一个阶段。它就像一个仓库，所有的信息和素材都会首先进入这个阶段。这些信息可以是文章、图书摘录、网页剪藏、视频总结等各种形式的。在这个阶段，我们只需注意之前讲的原则：不要过度采集，围绕输出内容来采集，以及多记录自己的想法和经验。在采集阶段不需要考虑怎么存放，放在一个文件夹中就行了。

当信息进入采集文件夹后，我们就应找时间对这些信息进行梳理。这时的梳理更多的是按照信息本身所属的主题、领域来进行组合，是一种比较客观的归类方法。

比如我正在做一个关于"AI 在高职教育中的应用"方面的研究，采集文件夹中的一些信息可能和 AI 相关，也可能和高职教育相关，还有可能与 AI 和教育的关系相关。这时我就会在归类文件夹中，新建三个目录页面（AI、高职教育、AI 和教育的关系），把收集的资料，依次和这三个目录关联起来，如图 4.3.2 所示。

之后我可能想做"AI 在幼儿教育中的应用"方面的研究，那么这时建立的 AI 目录就可以再拿出来使用一下。

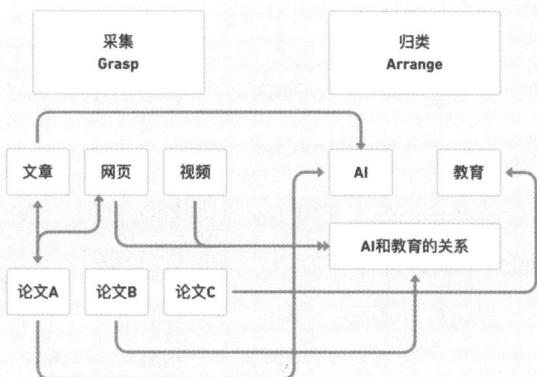

图 4.3.2

最后，经过采集和整理的目录肯定和表达文件夹中的某些页面是高度关联的。在表达文件夹中，应该有一些我们提前建好的想要产出的内容。因为有了这些想要产出的内容，我们才会进行知识的采集和整理，所以当完成前期的所有采集和整理工作之后，肯定会出现很多支撑产出内容的信息。

这时我们就可以把采集、归类这两个文件夹中的一些内容，直接关联到最后的表达笔记中。无论是要产出报告、文章、演讲稿，还是项目提案、视频脚本，只要有材料，产出时就不费力。

其实知识管理就是进行这三个简单的步骤，一点儿也不复杂，GAP 三层笔记法就是在帮我们做减法。图 4.3.3 展示了整个知识库中笔记流转的状态。

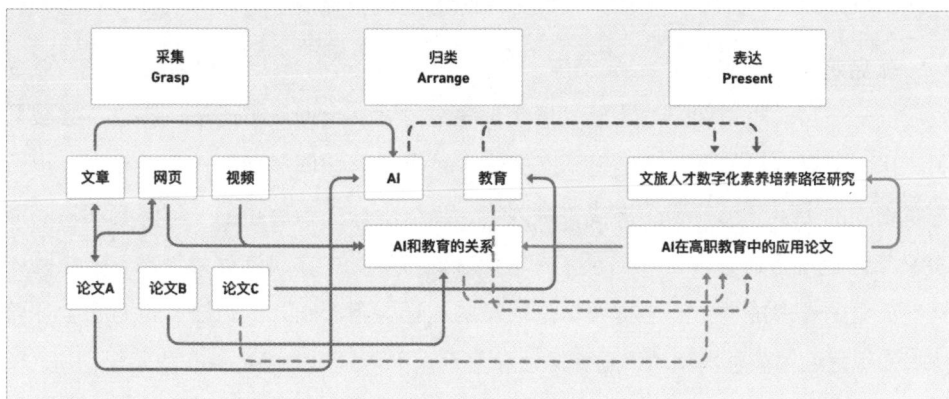

图 4.3.3

3. 解决了传统笔记法的一些问题

因为步骤简单、层级清楚，所以 GAP 三层笔记法能够解决传统笔记法中常出现的四种问题。

文件夹陷阱：传统做法往往习惯用多层文件夹来分类，比如先分"工作"和"生活"，"工作"里再分"项目 A""项目 B"，项目下再分"会议记录""灵感""资料"，到最后形成十几二十层嵌套，笔记一旦塞进去，过两周就找不到了，文件夹结构还动不动就重组，一重组整个系统更乱套。GAP 笔记法完全不依赖这种复杂的层级，其只关注阶段（Grasp/Arrange/Present）和笔记之间的链接关系，用的是一种更像平面化网络的管理方式，代替了传统的树状分类，让信息在笔记库中流动起来，不再被埋没在层层分类的死角里。

标签泛滥：用标签系统来管理笔记，起初觉得灵活又方便，但慢慢就发现有几个典型问题。标签数量越来越多，到最后甚至需要专门花时间去整理、管理标签本身；一个笔记被贴了十几个标签，看似全面，实则模糊了重点，反而不知道这个笔记真正应该归属于哪个主题；更麻烦的是，标签只是简单的归类工具，标签下的笔记彼此之间没有直接联系，无法呈现上下文关联或更高层次的结构。而在 GAP 三层笔记法中，这些问题都被简化了。你只需用双链把笔记挂到对应的归类页面上，不需要担心标签该怎么建、怎么命名、怎么归档。这样不仅大大减少了对标签系统的依赖，更重要的是，双链建立起来的"网状关系"能让笔记之间直接互联，形成更贴近人脑自然联想的知识网络，而不是僵硬的一维标签表格。

孤岛笔记：在传统笔记系统中，尤其是零散的碎片笔记，很容易出现"孤岛效应"——当时随手记下的灵感、摘录、随笔，过几天彻底被遗忘，再也不会被翻到或用上。更糟糕的是，这些笔记之间缺少桥梁，哪怕偶然翻到一个旧笔记，也无法找到它的上下文、前因后果或关联内容，最终变成知识库里的"沉睡档案"。而 GAP 三层笔记法通过双链和目录，把笔记彼此挂钩，主动串联碎片信息，像织网一样把孤立的点串成整体。这样哪怕是很短的笔记、不起眼儿的想法，也有机会在整体的知识网络中被再次调动、重新激活和复用，不再只是安静地躺在角落里积灰。

产出卡壳：很多朋友搭建知识库时，囤积了大量资料，收藏夹、笔记库塞得满满当当，可到真正要产出内容时，比如写报告、做总结、出方案，还是会觉得：怎么什么都用不上？原因就在于库里的内容只是静态存储，缺少专门为产出设计的组织方式。而 GAP 三层笔记法的表达阶段，就是专门为产出服务的。你提前设定好要产出的方向（比如哪篇文章、哪个项目、哪场分享），其他阶段的笔记围绕这些目标积累、整理，最后到需要产出的时候，只需一调用就能直接用，彻底告别"资料一堆，但没法用"的尴尬。

如果说我们的知识库是知识加工的工厂，那么用 GAP 三层笔记法能确保每一个"原材料"都能顺利进入知识库的生产流程，最终转化为"产出"。

4. GAP 三层笔记法的使用案例

介绍完 GAP 三层笔记法是什么，也讲了它的优点，你可能还是觉得有些抽象，具体是怎么用的呢？这里给大家分享三个真实案例，包含工作、学习、创作三种类型，这三位朋友都是因为信息管理混乱，找我做知识管理咨询，最后用 GAP 三层笔记法很好地解决了问题。

场景案例一：用 GAP 三层笔记法高效完成项目总结

小陈是一名项目经理，最近带领团队完成一个新产品上线项目。按照惯例，他需要整理一份项目总结报告，既要展示成果、亮点，也要复盘问题、总结改进点。之前他会在写报告的时候去各个文件夹中找相关的材料，时常有遗漏。但用了 GAP 三层笔记法之后，总结报告写起来就游刃有余多了。

采集阶段： 将所有碎片先收进来。

每天工作的时候，小陈都会把与项目相关的内容放到 Grasp（采集）文件夹中，文件夹中包含以下这些内容。

- 会议记录：上线前两周的冲刺会议纪要，中标当时的决策、分工。

- 问题反馈：客户群、客户邮件中提到的小问题。

- 数据截图：上线后的用户增长截图、流量峰值、Bug 数量变化曲线。

- 自己的随手笔记：比如凌晨修改 Bug 时突然想到的问题——为什么总是到最后两天才发现这些问题、上线后的数据监控能不能提前做好？

这些信息当时并不是为了写总结而收集的，而是小陈日常的碎片记录。因为有了采集文件夹，这些内容都先被放进了同一个地方，不用临时去翻聊天记录、邮箱、看板等。

归类阶段：整理主题，将零碎信息汇总成大块内容。

每隔几天，小陈会整理一下采集文件夹，这些信息大致被分成三类：项目亮点、遇到的问题、改进建议，所以他在 Arrange（归类）文件夹中创建了三个归类笔记，分别是项目亮点、遇到的问题、改进建议。

接着用双链把采集文件夹里的内容逐一挂到这些归类目录下：

会议记录 → 挂到"项目亮点"和"遇到的问题"目录下（比如，会议中快速决策的一次高效分工，被归为亮点；而决策太晚导致的资源调配问题，被归到问题里）。

问题反馈 → 大部分挂到"遇到的问题"目录。

数据截图 → 挂到"项目亮点"目录，比如产品上线后的流量增长。

自己的随手笔记 → 挂到"改进建议"，因为这些笔记都是他工作中的即时反思。

在这个阶段，小陈并不着急直接写总结，而是把碎片归类先整理好，汇总成清晰的主题板块。这些归类笔记，就像是搭好了写作时用的"大素材库"。

表达阶段：产出总结报告。

到了写总结的时候，小陈在 Present（表达）文件夹里新建了一个笔记——新产品上线项目总结。

用分屏功能，一边打开归类笔记（左屏），一边写总结（右屏）。

在写每一部分时，他直接引用或重述归类文件夹下整理好的要点，比如：

- 在"项目亮点"部分，他引用了数据增长、团队协作亮点。

- 在"遇到的问题"部分，他提炼了团队反馈中的共性问题。

- 在"改进建议"部分，他结合自己的即时笔记，提出了如何提前做好测试、如何优化上线前资源调度的建议。

更重要的是，写完总结后，把这份报告链接回归类笔记中，这份归类笔记就是202× 年项目记录，在这个归类笔记中有所有这一年完成的项目，在做年度总结的时候，这些新项目的汇报就变成了新的素材，可循环利用起来。

场景案例二：用 GAP 三层笔记法，写毕业论文不再手忙脚乱

小李是一名研究生，找我的时候正在准备他的硕士论文。之前每次赶论文，他都像救火队员：一会儿翻邮箱找老师的 PPT，一会儿打开手机相册翻课堂板书，一会儿去微信文件夹找同学发来的论文资料。东西明明都在，但就是找不到、拼不起来，光是收集材料就折腾到深夜，写论文的心情早就被磨光了。

后来我陪着他用 GAP 三层笔记法来整理学习内容，大大减轻了压力，论文完成得很顺利。具体是怎么用的呢？

采集阶段：随手收集素材，别管乱不乱。

在采集阶段，先广泛阅读内容，把论文相关的所有内容都存到他的采集文件夹中，内容包括：

- 课堂 PPT 和讲义的总结笔记。
- 读论文时随手记下的观点。
- 在图书馆翻书、拍下来的重要段落。
- 和导师讨论后记下的灵感或问题。
- 他在散步时突然想到的研究角度（直接录音转文字）。

归类阶段：定期整理，把素材变成可用板块。

他在归类文件夹中建了 5 个笔记，分别是引言、文献综述、研究方法、研究结果、讨论，对应毕业论文的五个主要部分。每天晚上，他都会对白天的采集笔记进行整理，整理的过程就是把素材关联到对应的归类笔记中。

这一步就像搭积木——把零散的小块拼成大块，虽然还没完全定型，但已经能看出论文结构的雏形了。

表达阶段：动笔写作，直接从归类好的材料下手。

等到正式写开题报告或论文初稿时，小李就不用再像以前那样，手忙脚乱地找材料。打开表达文件夹，新建"开题报告"笔记，直接从归类文件夹的主题页面调用材料，刚好每一个部分都有一个对应的归类笔记，用自己的语言组合在一起就可以了。

小李说用 GAP 三层笔记法有个最大的好处：写作不再是"找材料"的开始，而是"整合现成内容"的过程。他的注意力不再被"材料去哪了"这种琐事拖累，而是真正集中在内容表达和结构打磨上。更妙的是，每写完一个阶段性产出，他的归类页面就多了一块可用资产，下次用起来更快、更省力。

他最后悔的事情就是没有早点儿开始用这个方法，如果早点儿开始采集笔记可以更好地反复利用它们，也就是第一次收集的时候工作量稍大，之后都是享受成果。

场景案例三：用 GAP 三层笔记法，高效写出公众号文章

小王和我一样在兼职做公众号，平时经营一个有两万粉丝的公众号，专门写职场成长和个人效率类文章。以前他每次更新都像打一场小仗：要翻聊天记录找灵感、翻书摘笔记找观点、翻收藏夹找案例……光是整理素材就得花掉大半天的时间，最后留给真正写作的时间和精力所剩无几。

他看我产量很高，就向我咨询产出的流程是什么。我带着他操作了 GAP 三层笔记法，之后他又对这个系统做了一些改进，让系统变得更适合用来管理公众号，现在他写文章已经是行云流水的事了。

采集阶段：灵感、素材、随手记录等统统收进来。

小王的公众号内容比较垂直，所以他一般会同时为好几个选题收集信息，采集文件夹中包含下面这些内容。

- 读书时摘抄的段落，比如《深度工作》《心流》里的经典句子。

- 浏览行业资讯时看到的趋势、洞察，比如某大厂的新规、职场年轻人的焦虑话题。

- 粉丝在评论区、后台私信里提的问题，比如"怎样才能坚持写作""如何提高专注力"。

- 随时冒出来的灵感，比如等地铁时突然想到的选题：我是不是可以写一篇专门讲拖延症背后心理机制的文章。

过去他也要收集，只不过存放的地点比较零散。每次要用的时候找起来比较困难，现在调整了操作流程之后，把所有素材汇总在一起，更方便集中进行批量处理。

归类阶段：定期整理，搭建主题池。

小王每天都会花 30 分钟，把采集文件夹中的素材按主题放到归类文件夹。

- "专注力"笔记：集中放书摘、案例、工具推荐。
- "拖延症"笔记：收集心理学原理、用户提问、自己的反思。
- "写作技巧"笔记：汇总写作方法、个人经验、常见误区。
- "个人成长"笔记：整理那些比较泛化的感悟、人生哲理。

因为小王在收集信息之前已经有想要表达的内容了，所以很多采集笔记可以直接用于表达，这时他就会把采集笔记和表达笔记关联上。

表达阶段：动笔写作，一调素材就能开工。

等到要正式输出的时候，这些表达笔记都已经添加好了。很多采集笔记可作为参考，比如"从'等会儿再说'到立刻行动：我用这 3 个技巧治好了拖延"，写这篇文章时候用到的三个技巧，是在几天时间中分别找到，最后汇总到一起的。这样小王可以在同一时间推进好几篇文章的进度，产量也就大大增加了。

文章写完之后，他把这篇文章挂回归类笔记中的"拖延症"主题，这样以后再写拖延症方面的内容时，这篇文章又可以作为素材出现。

小王跟我说用 GAP 三层笔记法之后最大的改变是：写公众号文章再也不是"硬挤时间 + 硬拼灵感"的焦虑战，而是一场有准备、有秩序的内容整合。灵感来的时候不用担心忘、写作的时候不用担心缺材料，每一步都很轻松。

5. 用 GAP 搭建自己的体系

在介绍完 GAP 三层笔记法的定义、优势和案例之后，再强调一下：它不是一套教条化的万能方法，而是一套最小可行的框架。

我们完全不需要也不应该生搬硬套，而是要根据自己的工作场景、内容需求、使用习惯去做调整。前面讲到的三个案例，已经展示出 GAP 三层笔记法很好的灵活性。

比如案例一中的小陈，他的主要工作场景发生在飞书，项目沟通、进度更新、会议纪要、任务分配都在飞书里完成。因此，他的知识库搭建自然也选择在飞书中，而不是单独再用一套笔记软件。飞书本身就有处理文档、表格、待办、群聊等功能，小陈用 GAP 三层笔记法，更多的是整理和链接这些原生内容：在采集阶段，他用飞书文档随手记、保存会议纪要；在归类阶段，他用飞书多维表格和文档互链，把不同项目、主题下的资料归类好；在表达阶段，他直接用飞书文档来撰写总结、做报告、出提案。这套工作流完全依托飞书体系完成，根本不需要额外导出或搬家。

再看小李的案例。小李的核心任务是学术研究，平时需进行大量的阅读、摘录、思考、论文写作，最顺手的工具就是 Obsidian。但因为涉及文献管理，他还额外用到了 Zotero，用它来管理 PDF 论文、做文献笔记、提取引用和参考文献。于是他的 GAP 三层笔记法是双系统联动：在采集阶段，在 Zotero 中读文献、做标注，把重点段落和想法通过插件同步到 Obsidian；在归类阶段，用 Obsidian 的双链、标签、嵌入功能，把相关内容归到对应的主题笔记里；在表达阶段，在 Obsidian 中直接组织初稿，最终再导入 Word 进行排版。这种搭配方式充分利用了不同工具的专长，也避免了重复劳动和信息断层。

最后是小王的案例。小王的主力工具是 Obsidian，因为它提供的 Markdown 文本格式非常适合写作、整理、引用，同时也能通过插件直接把文章一键发布到公众号。在采集阶段，他在 Obsidian 中剪藏文章、整理粉丝提问、记录灵感；在归类阶段，他用 Obsidian 的嵌入、双链功能，把相似主题的素材聚合到一起；在表达阶段，他用 Obsidian 完成表达笔记之后，直接复制 Markdown 格式的文章，用插件一键推送到公众号，省去了再次排版的时间。这套工作流一体化效果极好，减少了中间环节，也节约了很多格式转换的时间。

可以看到，GAP 三层笔记法并不是必须用某个软件、必须遵守某种格式、必须套用某个模板才能进行，它提供了一个通用的思考框架，用这个思考框架能应对几乎所有知识劳动的场景。你需根据自己的实际情况——工作内容、使用软件、输出形式——搭建适合自己的体系。换句话说，GAP 只是帮助你搭建知识管理的底层骨架，而真正让它运转起来的，是你如何进行灵活的调整、整合、优化。

这也是为什么我不鼓励你在一开始就追求搭建完美的知识库系统、花时间去折腾复杂的插件、模板。相反，我更建议你先把 GAP 三层笔记法学会、用起来，再根据使用中的痛点和需求，慢慢优化、迭代。因为真正的优化，是从真实需求中生长出来，而不是靠预设完成的。

在接下来的章节中，我们就要进入实战部分——如何围绕 GAP 三层笔记法搭建一套可复用的、清晰高效的知识管理工作流，让你的知识库不仅"有架构"，更能稳定地支持持续产出。

6. 常见问题

（1）采集笔记太多，找不到怎么办？

一定要定时整理采集笔记，把笔记关联到归类笔记，或者表达笔记中。另外，用标签设置好笔记的处理状态，这样我们只需关注那些没有处理的笔记。已经处理过的笔记在汇总笔记中都能找到，也可以用搜索的方法来查找。

（2）我想表达的内容太多，表达笔记太多怎么办？

表达笔记多是好事，说明你的输出欲望非常强烈。但缺点是我们可能会忘了有什么要表达的，这里有几个方法解决这个问题。

第一个方法是利用标签，让系统列出所有想表达，但还没有完成的内容。

第二个方法是利用收藏笔记的功能。如果你想提醒自己别忘了完成这个表达笔记，可以把表达笔记收藏起来，放在一个单独的区域。在 Obsidian 中添加了书签的内容，可很容易找到，如图 4.3.4 所示，其他笔记软件也有类似的设定方法。

图 4.3.4

　　最后还有一个方法，就是像汇总笔记一样，为表达笔记创建一个目录页面，在目录页面中汇总所有准备完善的笔记，这样看起来也会很清晰。

（3）真的只需要三个文件夹就够了吗？

　　你当然可以根据自己的情况来调整。如果是用 Obsidian 的话，附件、模板等都是需要单独创建文件夹的。另外，我把日记、工作也单独建了文件夹，但在记录工作内容的时候，还是按照 GAP 笔记法来做工作相关笔记的整理，如图 4.3.5 所示。

图 4.3.5

（4）我可以给文件夹取其他名字吗？我不喜欢 Grasp/Arrange/Present 这三个名字？

　　当然可以！这个名字只是我自己的命名方法，只要理解了每个文件夹的含义，取什么名字都可以，不用拘束！

本节总结

- 知识管理的实质：原料（碎片信息）需要经过分类、整理、加工，才能变成有价值的产出。

- GAP 三层笔记法是什么：Grasp（采集）—Arrange（归类）—Present（表达）。

- GAP 三层笔记法的优势：摆脱文件夹陷阱、减少标签泛滥、打破孤岛笔记、为产出而设计。

- GAP 三层笔记法的应用案例：工作、学习、创作三个场景。

本章总结 打造高效知识库，迈向持续产出

在这一章中，我们系统拆解了知识库的核心搭建逻辑，从避开常见误区、理解 AI 时代知识库的本质，到掌握 GAP 三层笔记法、结合不同工具打造个性化体系。你不仅学会了如何把有价值的内容高效采集、归类、组织起来，更重要的是，明白了知识管理的真正目的——让碎片信息之间建立起活跃的链接，并转化为源源不断的产出与行动力。

但是，光有一个好架构还不够。即使你用 GAP 三层笔记法搭建起了看似完备的知识库，但如果缺少一套清晰的工作流和执行机制，那这个系统仍可能停滞不前，变成静态的储物间，而非动态的生产引擎。换句话说，我们需要的不只是存放知识的地方，还需要让知识在其中流动起来的管道和路线图。

在接下来的章节中，我们将正式进入工作流的实战搭建部分：一步步教你如何围绕 GAP 三层笔记法，建立起高效、可复用、可优化的知识管理工作流，让你的知识库不再只是摆设，而是成为你产出、成长、变现的真正驱动力。

第五章

打造工作流：
让知识库飞速
运转

第一节　卢曼启发，为什么需要工作流

第二节　采集工作流，任务驱动高效收集

第三节　整理工作流，碎片整理有条不紊

第四节　产出工作流，快速完成写作与输出

第五节　工作流可视化，用白板看清整个知识地图

本章总结　完善操作流，让知识真正流动起来

　　在上一章中，我们探讨了如何在 AI 时代使用 GAP 三层笔记法搭建出条理清晰、省时省力的个人知识库。但知识库的建立并不等于高效的知识管理，知识库只是一个知识加工的库房和流水线，要想让知识库顺利运转起来，必不可少的是懂操作的工人。

　　接下来的这一章就是解决如何操作知识库的问题。我会用具体的案例带你一步一步操作，了解知识库的运行机制到底是怎样的，怎样才能最大化知识库的价值，以让知识库中的知识变成可以复用的资源，并通过持续的输出让工作变得更加高效和有意义。

第一节　卢曼启发，为什么需要工作流

在具体分享工作流的设置操作之前，我们一起来梳理一下工作流到底是什么？为什么要有工作流？知识管理过程中的工作流包含什么？

1. 工作流有什么用

工厂能够提高生产效率，是因为流水线的存在。每个环节有明确的分工和流程，工作按照既定的顺序进行，就能把原料高效产出为最终成品。知识管理与此非常类似，没有清晰的工作流，知识就像原料一样杂乱无章，难以高效地转化为输出。

在这里不得不再次提到卢曼教授。作为 20 世纪杰出的社会学家，卢曼教授的产量高得惊人，出版了 70 本书和 400 多篇论文。他能有这样的产出归功于独特的卡片盒笔记法，可以说这个笔记法就是他的知识管理工作流。那么这个工作流是怎么运转的呢？

卢曼有两个装卡片的盒子，1 号盒子放每天随手记录的笔记，2 号盒子放自己一直在思考、关心的主题笔记，所有的知识和信息就在这两个盒子之间流动。每天随手写的笔记会放在 1 号盒子中，这个盒子中的原始笔记需要定期整理。在整理的时候他会做两件事，一是到 2 号盒子中找出和原始笔记相关的主题笔记，二是用自己的语言重新梳理原始笔记并写成新的精简笔记，把这个精简笔记和 2 号盒子中相关的主题笔记放在一起。完成整理后，1 号盒子中的原始笔记就会被扔掉，随时保持清爽干净，流程如图 5.1.1 所示。

经过这样的操作之后，2 号盒子中的主题笔记包含了越来越多的精简笔记。当一个主题笔记包含了足够多的内容时，转换为可以产出的内容就是自然而然的事了，示意图如图 5.1.2 所示。卢曼就是用这样的知识工作流不断联结碎片化信息，最终形成成果的。

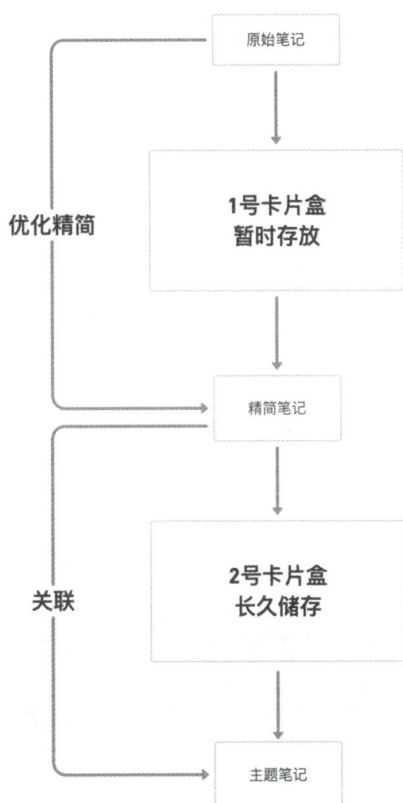

图 5.1.1

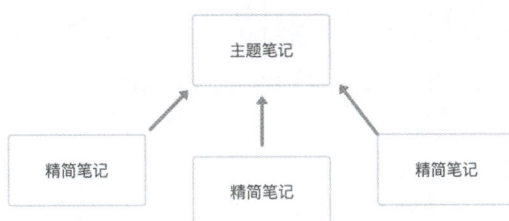

图 5.1.2

在卢曼的工作流中有两个动作尤为重要：

- 坚持收集、整理、汇总，做到 1 号盒子干净，2 号盒子有序。
- 写笔记卡片的时候格式统一，方便查看。

卡片盒系统加标准化动作，帮助卢曼打造出了高效生产的永动机。所以要想提高知识管理的效率，我们也应该理顺系统、把自己的动作进行一定的标准化。

2. 我的失败尝试

看了卢曼的成功案例，再对照一下我的失败案例。

我是在工作之后才接触到知识管理这个概念的。在了解到知识也需要管理之前，我从来没有系统化地收集和归纳过信息，只有在需要时才匆忙寻找相关资料。这种方式在各个环节都很浪费时间，平常有空摄取信息的时候不收集，辛苦产出的内容因为没有汇总也无法再次使用，导致我的产出效率非常低。

后来，我了解到采集软件这个好东西，试图用采集软件来解决收集的问题，收集好了再放到文件夹来分类存储。然而，问题很快就显现出来了：因为收集得太随意也没有整理，当我需要输出内容时，无法高效地找到相关信息，特别是在需要整合多种素材时，更是手忙脚乱，想要反复利用收集的资料和创作成品几乎不可能。

经过一段时间的摸索，看了很多书和视频，我才慢慢探索出自己的工作流，逐步形成一个较高效的管理和创作方式，也就是前面一章中介绍的 GAP 三层笔记法。

这个笔记法的基本构造、打造逻辑及使用案例在上一章进行了比较详细的介绍，可以说是在卢曼的卡片盒笔记法的基础上进行了数字化 +AI 化的改造，它帮助我在信息收集、整理和输出之间建立了清晰的流程，确保每个环节都有明确的目标和操作步骤。有了 GAP 三层笔记法，再加上经常维护知识库，我的产出效率得到了巨大的提高。

在日常工作和发展自媒体副业的过程中，如何高效地处理大量信息，并实现快速的知识输出是永恒的主题。我通过这个方式得到了正反馈之后更加确定形成自己的知识管理工作流非常重要。

3. 工作流需具备的两个必要条件

你可能会问：工作流和知识库到底是什么关系？用 GAP 三层笔记法搭建知识库不就是在操作工作流吗？

这两者虽然密切相关，但它们的核心作用并不相同，可以这样简单理解：知识库是存储的原则，而工作流是操作的流程。

换句话说，知识库是一种静态的系统，是为了保证信息存放得合理、有序、能随时被调取；而工作流是一套动态的操作流程，是为了确保我们在收集、整理、产出这些知识时，有一条明确、顺畅的路径。二者相互依赖、缺一不可：没有工作流，知识库就很容易变成杂乱的仓库；没有知识库，工作流就失去了积累和沉淀的对象。

一个清晰的工作流，能帮助我们在搭建和维护知识库时避免遗漏和混乱，使知识库的结构始终清晰、分类明确、信息可追溯。相反，如果缺少良好的工作流，即便有再多好工具、好方法，也容易在实践中陷入瓶颈——信息收集杂乱、整理不及时、没有标准化流程，导致有价值的信息被忽略或遗失；检索系统不健全、标签体系混乱，最终让知识库变得越来越低效，难以支持后续产出。

那么，一个好的工作流应具备哪些特点？最重要的两点是：

- **明确的处理步骤**：每一环都清楚下一步要做什么，从信息的进入、整理、加工到输出，都有既定的路径可依赖。

- **可重复使用的内容模板**：对于那些在日常使用中高频出现的环节，预设好标准化模板，减少重复劳动，提高操作效率。

明确了这两点之后，我们每天要做的事情，就是围绕这些标准化的步骤去完成信息采集、归类、产出等动作。在这个过程中，使用模板不仅能节省大量时间，更能保证工作流的稳定性，让整个知识管理系统高效运作起来。

在本章剩下的部分，我会和你一起逐步梳理你的工作流，明确各个环节的具体操作步骤，同时帮助你搭建起适合自己使用的模板系统。这样，知识库的搭建和运作不再是一个痛苦的过程，而是一个充满成就感、不断优化和成长的过程。

那我们就从最基础的动作——高效采集信息——开始吧。

本节总结

- 为什么需要工作流

  - 知识管理就像工厂中的生产过程，需要有明确的流程和分工，才能高效地把信息原料转化为有用的产出。

- 工作流与知识库的关系

  - 知识库 = 存储原则，保证信息有序可用。
  - 工作流 = 操作流程，保证每个环节有步骤、有方向。
  - 二者相互依赖、缺一不可：工作流为知识库提供高效流动的动力，知识库为工作流提供可积累的沉淀。

- 好工作流的两个必要条件

  - 明确的处理步骤：每一步该做什么、怎么做，心中有数。
  - 可重复使用的内容模板：为日常高频使用环节提前设定好标准，减少重复劳动。

知识库存储，工作流驱动，两者合一，才有产出。

第二节　采集工作流，任务驱动高效收集

在前几章中，我们已经打下了扎实的知识基础，不仅学习了 Obsidian 这款知识管理工具的使用方法，还了解了用 GAP 三层笔记法来搭建知识库的逻辑。从这一节开始，我们要把前面讲到的所有方法融合起来，梳理好属于自己的知识管理工作流。

知识流的搭建教程分成四节，前三节理顺知识采集、知识整理和知识表达这三个步骤的流程，最后一节是加餐内容。每一节我都会遵循同样的结构，即列出处理步骤—给出模板设计—结合实际例子，方便你理解和上手。

工作流中所有的模板，都能在我随书附赠的基础版开荒仓库中看到。基础版开

荒仓库在我的公众号中有配套文章，可扫码阅读。

我们来看知识管理的第一步——采集中的工作流动作流程，如图 5.2.1 所示。

图 5.2.1

第一步：先明确想要解决的问题、想要表达的内容，或者必须完成的任务。

☞ 没有目的的信息采集是毫无意义的，我们要带着清晰的目标去收集资料。

第二步：在阅读资料、观看视频、进行日常观察时，随时手写或记录下触动自己的内容。

☞ 资源可以是文章、图书、对话、会议记录，也可以是自己突然冒出的想法。

第三步：用合适的软件将信息快速整理收集起来，初步结构化。

☞ 用快捷指令、剪藏插件、专门的采集软件快速记录，保证灵感不会遗漏。

在这个阶段，我们用到的模板是采集模板，模板应该包含以下三个关键要素。

• 采集时间：自动记录采集的时间，方便未来回顾时判断信息的时效性。

• 是否已整理的标签：在采集笔记上直接标注是否已经初步整理过，便于后续筛选和处理。

• 和其他笔记的链接位置：采集的内容如果已经和某些已有笔记产生了关联，及时记录下来，后续搭建知识网络时会非常有用。

采集模板示例如图 5.2.2 所示。

图 5.2.2

接下来，我会拆解这三步进行详细介绍，让你一步步搭建出属于自己的采集流程，从而为整个知识管理系统打下坚实的地基。

1. 先有任务、问题和表达欲望，再收集

在知识采集这条路上，最容易犯的一个错误就是：见什么收什么，觉得一切都很重要，最后信息堆成了山，自己却被压得动弹不得。虽然这个问题在上一章中介绍过，但还是有必要再拿出来强调一下。

真正高效的知识管理，必须从目的出发。头脑中要有一个明确的目标，这才是采集工作流的第一步。

有目标到底有多重要？想和你分享一个著名的例子：物理学家理查德·费曼（Richard Feynman）的"十二个最喜欢的问题"。

作为 20 世纪最伟大的物理学家之一，费曼曾经说过："你必须在脑子中时刻保持十二个最想解决的问题，大多数时候这些问题都处在休眠状态。每获得一条新信息，你就把它同这些问题挨个做对比，看能否帮你解决问题。长此以往，你迟早会遇到一条新信息能帮你突破一个大难题（就这么简单）。但在外人眼里，你看起来像个天才。"

带着自己关心的课题观察世界，是费曼收集信息的准则。他收集的每一条信息，最终都能够和自己的大问题建立连接，成为推动思考的燃料。

大师都在这样做，我们在搭建自己的知识库时，更应该采用同样的策略：

- 不是所有内容都需要收集。
- 只有和你的"目标"有关的信息，才值得进入知识库。

那具体来说什么样的目标是值得我们为之收集信息的呢？

基本上可以归纳为以下三类。

1. 要解决的问题

比如，如何搭建一个适合自己的知识管理系统、怎么提高短视频的留存率、怎样提升自己的外语口语能力——只要你想解决的是真实存在的问题，就值得去收集支持解决这个问题的材料。

2. 想表达的内容

比如，写一篇公众号文章、做一期 YouTube 视频、准备一场公开演讲——当你有想要表达的欲望时，就需要围绕主题去收集素材。

3. 需要完成的任务

比如，完成一份工作汇报、撰写项目提案、整理年度总结——这些都有明确的交付要求，自然需要精准收集相关的信息和资料。

这三种情况已经涵盖了大部分我们需要收集知识的场景。如果一条信息既不属于要解决的问题，也不是自己想表达的内容，更不是当前需要完成的任务，那么大可不必花力气收集它。

没有目标的收集，只会制造信息垃圾，让自己的大脑仓库越来越拥挤，反而变得更难用。不用害怕临时抱佛脚，现在的 AI 工具的功能都很强大，真正有需求的时候再开始做收集工作也完全来得及。

当然如果是有启发但并不想表达的内容，也值得记下来。我自己有一个专门的归类笔记，来汇总这种目标不明确的采集笔记，这样可以缓解一些收集焦虑。

总之，采集步骤最重要的原则就是：有目的地收集，不饿不吃。带着任务、问题、表达欲望去收集，才能让你的知识管理变得真正高效。

2. 在哪里看资源和写记录

明确了采集要以"任务、问题和表达欲望"为导向之后，接下来我们进入第二步：去哪里看资源，以及怎么把内容记录下来。

这一步其实就是"喂养大脑"的阶段，这个阶段一定遵循严格把控的原则，不随便收集内容。

因为心里或多或少都有表达的目标了，收集内容的主题就围绕着这个目标来，素材的主题不难抉择。但和主题相关的素材有很多，怎么判断素材有没有收集的价值呢？这里分享三个我最愿意收集的素材类型。

- 让自己有一点儿不舒服的内容

如果一段话让你觉得有点儿不适、难以理解，不要直接跳过，应该特别留意。这种"不舒服"通常意味着它触碰到了你的认知盲区，是值得记录和深挖的地方。

- 长的内容

比起快餐式的短文、碎片信息，系统化、篇幅较长的内容（如一篇深入的长文、一本书、一个完整的视频课程）往往能给你带来更多有结构、有深度的启发。碎片信息容易形成"伪学习"，而长内容能真正构建认知体系。当然有的内容是长且空洞的，需要谨慎鉴别废话文学。

- 经典内容

无论是书籍、论文、演讲，能够经受时间检验的内容通常有其独特的价值。经典内容经受了时间的筛选，质量和启发性更有保障，特别适合打基础。

总之，不舒服、够长、够经典，是我自己筛选资源时一直遵循的三个标准。这样的资源，值得我们花时间去读、去思考、去采集。

解决了收集什么的问题，我们再来说应该怎样快速将它们记录下来。

3. 配置好工具和模板，再进行收集

完成了第一步确立方向，第二步选定资源并开始记录后，接下来的重头戏就是配置好剪藏工具和采集模板。只有配置到位，才能让知识采集变得又快又轻松。

配置好剪藏工具

能够实现采集的工具非常多，可以选择自己顺手的。记住，一定不要困在哪个工具好这个陷阱中！这里推荐几个我自己尝试过的工具

Obsidian Web Clipper 插件

如果你已经在用 Obsidian 了，那这个官方插件是最自然的选择。它可以一键将网页或其他选中内容保存为 Markdown 格式的笔记，非常适合后续整理，而且还能链接 AI 工具来总结内容。它的缺点是没办法随手记录自己的想法，只能剪藏别人的内容，对部分中文平台的支持不太好，以及必须依靠浏览器来剪藏，总之，还是有一些限制的。关于具体安装和使用方法，在前面的章节中已经详细讲解过。

iOS 快捷指令

如果你是苹果手机用户，那么快捷指令也是一个不错的选择。我自己在用的这个快捷指令包括两个功能，一个是将我现在的想法录入 Obsidian 中指定的页面，另一个是将剪贴板中的内容复制粘贴到 Obsidian 中。这样可以手写录入内容，也可以保留想要反复查看的网页，如图 5.2.3 所示。

图 5.2.3

设置快捷指令的方法可以扫描二维码在我的公众号中阅读完整的笔记介绍。

但是这个工具不能完整地摘录一个网页中的内容，只能记录网址，所以在整理的时候必须进入网页链接，才能查看具体内容。

Cubox、flomo 等第三方剪藏 App

如果你需要跨平台同步（苹果、安卓、Windows、macOS），也可以选择专业的剪藏应用。比如 Cubox 适合系统性阅读，flomo 则适合快速记录想法。这些 App 能在知识管理领域屹立不倒是有原因的，它们都能手动录入想法，也能摘录页面内容，而且大都支持自动导出到 Obsidian。可以把自动导入的文件夹设置到采集文件夹中，导入之后再进行整理就行了。这些 App 都有自己的使用文档，可以根据需求灵活选择。

采集工具远不止这些，工具也没有最好一说，根据自己平时浏览内容的平台（微信、浏览器、RSS、小红书等）来选定剪藏工具，保证收集动作"低摩擦"是第一原则，如果实在纠结就先选一个免费的试试看，觉得有哪些地方不顺手再慢慢调整。

配置好采集时的模板

有了剪藏工具，再设置好采集模板，能让后续的整理、回顾工作更高效。

如果用 GAP 三层笔记法来做知识管理，那么采集模板里有三个必备的核心要素：时间、整理标签、关联笔记。

模板必备要素一：时间（自动生成）

每条采集笔记都自动带上创建时间，这样在回顾的时候就能很清楚地看到信息是否过时，也能让你在未来检索信息时知道自己当时处于什么阶段。

因为时间是一个动态的内容，所以我建议先安装上插件 templater，然后使用下面这一段代码：

```
`[[<% tp.date.now("YYYY-MM-DD") %>]]
```

写好这段代码之后，我们在新建剪藏笔记的时候就能自动带上当天的日期，也能和当日的日记关联上，让后续整理和回顾更方便，示意图如图 5.2.4 所示。

图 5.2.4

具体怎么设置日记才能自动提取每天生成的新笔记，在这一章后面的小技巧部分会进行介绍。

模板必备要素二：笔记是否已经过整理的标签

无论你将采集笔记放到哪里，都需要把已经整理的和没有整理的分开。我自己的做法是做一个标签，这个标签只表示笔记有没有被整理过。如果你和我一样用 Obsidian，那么可以直接用 tags 这个属性来做笔记状态的记录，当然你也可以直接添加一个单选钮或者多选钮，用来记录整理状况，如图 5.2.5 所示。

图 5.2.5

我会在没有整理的笔记标签中用红色球标识，整理完成之后用绿色球标识。如果我想看有哪些笔记还没有整理，可以直接通过左上角搜索标签的方法找到，如图 5.2.6 所示。

图 5.2.6

模板必备要素三：关联提示区

需要专门留出一个区域来记录这个笔记可能与哪些已有主题、归类笔记有关，避免笔记孤岛化。当然这个关联并不需要在采集的时候就添加上，整理的时候再添加就行，如图 5.2.7 所示。

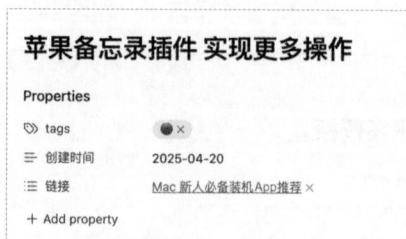

图 5.2.7

除了以上三个必备字段，你也可以自行添加其他字段，比如网页地址、图书作者等，页面样式、排版等也可以根据个人习惯酌情添加。

我自己在使用的模板如图 5.2.8 所示，除了上面说的三个必备项，还有 author、URL 等。

图 5.2.8

不过要记住，模板越简单越好，以不增加收集负担为第一目标，不要为了美观或强迫症而牺牲采集效率。

用 Obsidian 记录采集笔记的时候，使用我上面给出的模板就行。如果使用其他采集软件，页面可能有所不同，但一定要包含这些基础属性，否则后续整理会很麻烦。

针对不同的采集来源（比如会议记录、网页阅读、听书笔记），可以准备几套不同的模板，比如会议记录可能需要记录参会人信息，或者你有什么特别的需求，都可以做成模板。

AI 化采集的原始素材

因为有了 AI 工具，所以我们不需要收集原始内容之后再来进行回顾。有条件的话，我建议直接把收集到的文字、音频、视频等，在第一时间就用 AI 工具进行归纳、总结、变成文字。这个操作能让后续的整理过程轻松很多。

下面介绍一些我常用的工具。

- 针对本地的录音、视频：用"通义听悟"软件把内容转录成文字，该软件在转文字的时候还能直接使用 AI 提取重点，功能非常强大。

- 针对在线视频（YouTube、B 站）：现在有很多可以直接读取视频内容并且做好翻译、总结的 AI 工具，比如 BibiGPT。输入视频地址，它可以获得视频内容并进行总结，如图 5.2.9 所示，这可节约观看和记录的双重时间。把总结的内容复制下载，直接存在采集笔记中即可。

图 5.2.9

- 针对网页、公众号、电子书中的文字内容：能做这件事的工具有很多，Obsidian Web Clipper 经过配置之后就可以轻松提取，具体配置可参阅第三章第三节的介绍。

使用 AI 工具提取摘要，筛选有价值的部分，而不是盲目地全量保存，又让大脑轻松了不少，可以极大减少后期整理的负担，而且所有信息以统一的文字形式存储，后续无论是搜索、整理还是生成内容，都变得无比高效。

4. 小技巧：让你的采集更轻松高效

掌握了前面介绍的操作之后，知识采集工作流已经基本完成。如果想让整个流程更加顺畅，还可以使用一些小技巧，能够进一步降低管理负担，提高效率。

技巧 1：快速找出未整理的笔记

前面说到在做剪藏笔记模板的时候，要有一个标签标记笔记有没有被整理过，然后再通过搜索的方法找到所有没经过整理的笔记。但这还需要搜索的动作，略显烦琐。有没有不搜索就能直接找到未经整理的笔记的方法呢？

当然有。新建一个笔记，在这个笔记中使用 Dataview 代码来自动提取所有标签中包含未整理的笔记。

参考代码如下：

```dataview
table
where contains(file.tags, " 未整理 ")
```

筛选出来的效果如图 5.2.10 所示，左侧是代码，右侧是罗列的笔记。

图 5.2.10

这个汇总页面可以放到文件夹外单独存放，一眼就能看到，如图 5.2.11 所示。

这样每次打开这个页面，一眼就能看到哪些笔记没有处理，可避免遗漏，大大提高了整理的闭环率。

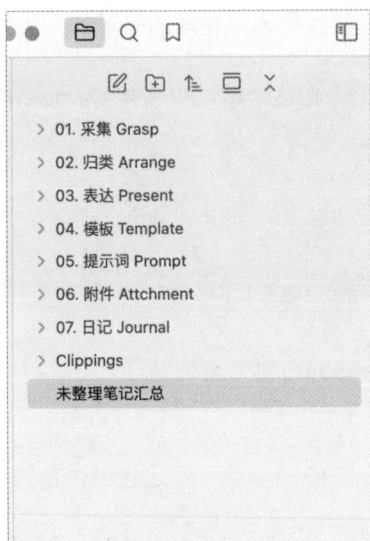

图 5.2.11

技巧 2：快速查看当天生成的采集笔记

除了可以新建一个页面来存储整理的笔记，如果你使用 Obsidian 写日记，那么可以把当天生成的笔记放到日记中显示，每天复盘的时候就能看到了。我平常也是这样操作的，可以提醒自己每天还有哪些笔记没有整理。

在之前配置采集模板时，我们已经让每个笔记都自动记录了生成的时间，如图 5.2.12 所示。

图 5.2.12

那么就可以在每天的日记页面中，用 Dataview 查询出创建时间是今天的所有笔记。但是这里要注意一下，你的日记名称命名方式要和创建时间的时间格式一致才行。

比如我这里创建时间和日记的名字都是按照 YYYY-MM-DD 的方式来记录的。

在日记模板中，写下面这样一段代码即可提取相应日期的笔记：

```dataview
table
where date( 创建时间 ) = date(this.file.name)
```

这段代码的意思是：查询所有创建时间中的时间记录和日记标题相同的笔记。这样每天打开日记页面，就能看到自己当天收集的新内容了，如图 5.2.13 所示。

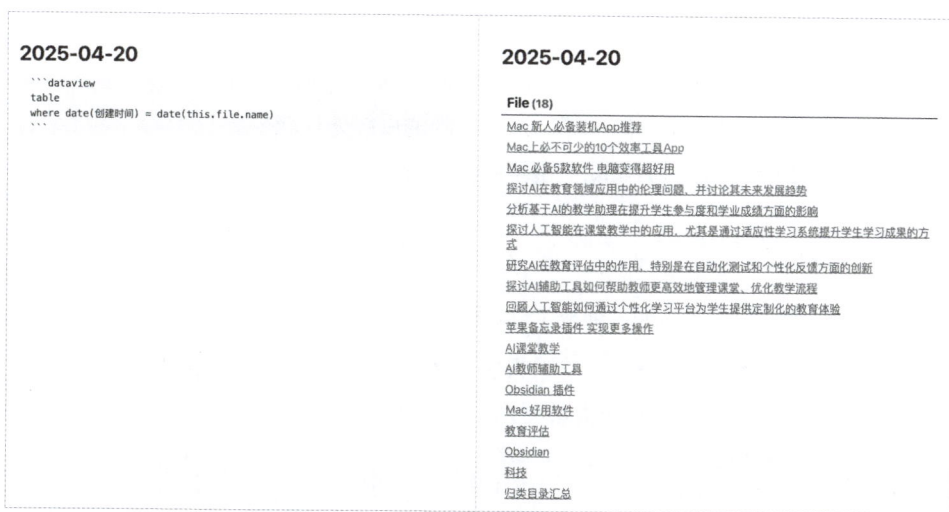

图 5.2.13

技巧 3：一定要形成定期整理的习惯

最后要提醒一点：定期整理比技巧更重要。

设置得再好的自动化提取工具，如果长期不整理笔记，最后知识库还是会变成信息垃圾堆。真正让知识流动起来的，不是收集，而是整理和再利用。

因为设置了每天显示当天生成的笔记，所以我一定会当天做一次采集文件夹的清空操作。把整理当成日常维护的一部分，才能让知识库持续保持活力，而不是沉没成无用的数据库。

本节总结

- 知识采集三步法

  - 明确目标：收集要解决的问题、想要表达的内容、需要完成的任务的信息。
  - 喂养大脑：选择"不舒服、长、经典"的高质量资料源，避免无意义的信息堆积。
  - 快速收集：配置顺手的剪藏工具与清晰的采集模板，保证灵感第一时间被捕获。

- 采集模板是什么样子的

  - 自动记录采集时间，方便未来回顾。
  - 标注笔记是否整理的标签，形成清晰的后续处理路径。
  - 预留关键位置，为后续知识串联打好基础。

- 工具与搭配技巧

  - 剪藏工具：Obsidian Web Clipper、快捷指令、Cubox、flomo。
  - 模板设置越简单越好，以采集速度优先，不为美观或复杂字段牺牲效率。
  - 配合 AI 工具快速整理资料内容，避免存储无关冗余信息。

- 高效采集的小技巧

  - 用 Dataview 插件快速筛选未整理笔记，避免遗漏。
  - 在日记页面自动提取每天采集的笔记，形成每天回顾的习惯。
  - 坚持每日、每周定期整理，防止知识积压，保持持续流动。

信息可以无限收集，但带着目的的采集，才能点燃思考和创造的火花。

第三节 整理工作流，碎片整理有条不紊

完成了信息采集，接下来进入知识管理的第二步：归类整理。

这一步是将碎片知识变成实际产出的关键步骤，能不能让前期辛苦采集的内容真正发挥价值，很大程度就看这一步做得怎么样了。

如果说采集阶段是积累原料，那么归类阶段就是开始搭建结构，把零散的信息组织成可用的模块。只有经过合理归类的内容，才能成为后续输出的基石。

细心观察卢曼的卡片盒笔记法就能发现，最重要的也是这一步——建立笔记之间的联系，打破孤立，形成知识网络。只不过那个时候卢曼用物理的盒子和卡片，今天有更先进的数字笔记工具，比如 Obsidian，能更轻松、灵活地完成这一步，让归类工作变得高效且流畅。

在知识归类这个阶段，主要完成两件事：

- 处理未整理的采集笔记
- 梳理和优化归类笔记

如果在整理了采集笔记之后，归类笔记中的内容足够丰富，还可以进一步新建表达笔记，为产出做好准备。

知识归类这一阶段的主要动作如图 5.3.1 所示。

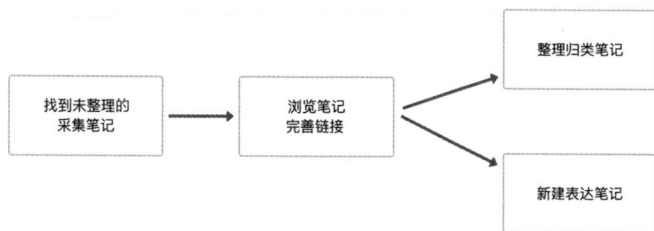

图 5.3.1

在这个阶段，需要准备两个模板，分别是归类笔记模板和表达笔记模板。这两个模板非常类似，必备的记录内容有以下两个：

- 链接：在这里把相关的笔记链接起来，不让它变成孤儿。

- 笔记状态：以"刚开始""进展中""已完成"来区分（可以用文字，也可以用表情符号）。因为归类笔记和表达笔记都需要很长一段时间才能累积成熟，标记好笔记状态能让我们更快地找到目前正在处理的笔记，已经完成的内容就不需要经常查看了。

还可以加上"创建时间"这个字段。对于表达笔记来说，这个字段还是比较有必要的，创建时间可以用 templater 支持的代码来动态生成。

我的表达笔记和归类笔记用的是同一份模板，如图 5.3.2 所示。

图 5.3.2

了解这一个阶段的主要动作及要准备的模板后，来看看具体的操作。

1. 定期整理未处理的笔记

知识归类的第一步是找到那些没处理的采集笔记，进行定期清理。要形成这个习惯也不容易，推荐参考上一节中介绍的方法，在日记页面显示当天生成的采集笔记，这样就能在写日记的时候顺便整理了，如图 5.3.3 所示。

当然用标签标记未整理的采集笔记，然后批量显示在一个页面中也是可以的，按照上一节中提到的技巧来配置未整理笔记目录即可。

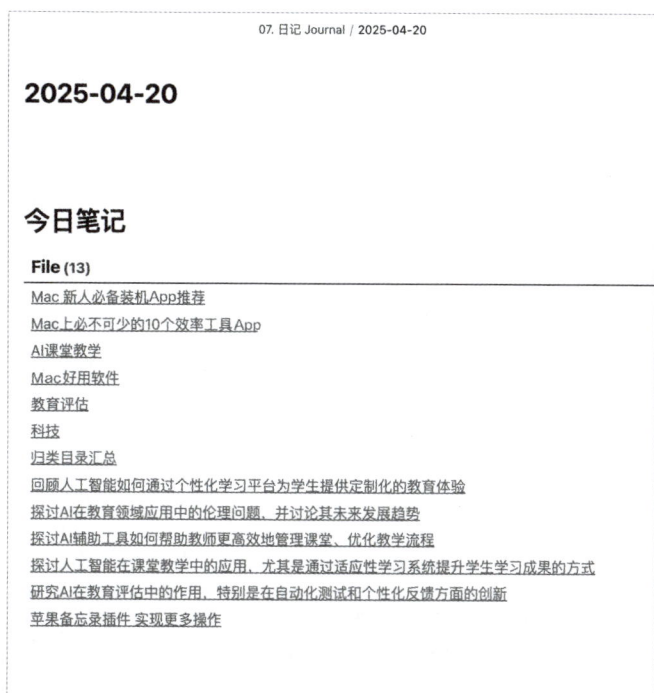

07. 日记 Journal / 2025-04-20

2025-04-20

今日笔记

File (13)

Mac 新人必备装机 App 推荐

Mac 上必不可少的10个效率工具 App

AI课堂教学

Mac好用软件

教育评估

科技

归类目录汇总

回顾人工智能如何通过个性化学习平台为学生提供定制化的教育体验

探讨AI在教育领域应用中的伦理问题，并讨论其未来发展趋势

探讨AI辅助工具如何帮助教师更高效地管理课堂、优化教学流程

探讨人工智能在课堂教学中的应用，尤其是通过适应性学习系统提升学生学习成果的方式

研究AI在教育评估中的作用，特别是在自动化测试和个性化反馈方面的创新

苹果备忘录插件 实现更多操作

图 5.3.3

找到未处理的笔记后，接下来要做的就是把这些采集笔记和已有的归类（Arrange）文件夹和表达（Present）文件夹中的笔记进行比对，准备做笔记间的关联工作。

2. 进行笔记关联

一边浏览采集的笔记，一边找到其与其他笔记的关联，是知识管理中最重要的步骤。毕竟在这一步之前，我们只是获得了一些"原材料"，只有通过"关联"，才能把这些原材料转化为真正可用的知识。

同样的食材，一个人做宫保鸡丁，而另一个人做鸡肉沙拉。每天接触差不多的信息，有的人把信息变成聊天素材，有的人能提出新观点、看出底层规律，不是因为后者知道得多，而是因为他们知道怎么把信息组合起来。

对信息获取和吸收的区别不在于眼睛看到的东西，而在于大脑处理这些信息的方式。而这种信息处理方式，就是笔记之间的关联。只有当你将一条信息与已有知识建立联系后，它才不再是一片孤立的碎片，而是进入了思维体系中，成为可以调动的认知资源。

因此，建立笔记之间的联系，并不是整理过程中的"可选项"，而是整个知识管理系统运转的核心引擎。

如果不清楚应该建立什么样的归类笔记，那么可以返回第四章第三节看看建立的逻辑以及案例。我们这里只介绍在关联笔记过程中要做的具体操作。

在处理笔记之间关联的时候通常会遇到以下三种情况。

第一种情况：这是第一次收集该主题的相关内容，知识库里还没有对应的归类笔记。这时，需要新建一个归类笔记，并将当前这条采集笔记作为第一条材料添加进去，如图 5.3.4 所示。记得在新建归类笔记时，使用已经准备好的模板，确保至少包含两个关键字段。一是"链接"，用来放置所有相关笔记；二是"归类状态"，标注这个笔记是刚刚开始、正在收集中，还是已经成熟，便于日后回顾与管理。

图 5.3.4

创建好这个新的归类笔记后，把采集笔记和它关联起来就可以了，关联的步骤和下一种情况相同。

第二种情况：在归类文件夹中，已经形成了对应的主题笔记（或者刚刚通过上面的步骤新建了一个归类笔记）。这时，只需将新的采集笔记链接到已有的归类笔记中就行了。链接的时候，在我们预留好的"链接"位置加上对应的归类笔记就可以了，如图 5.3.5 所示。

图 5.3.5

关联好之后，就不用管这个归类笔记了，需要查看的时候再到笔记中链接的位置去查看这个归类笔记关联了哪些采集笔记，如图 5.3.6 所示。

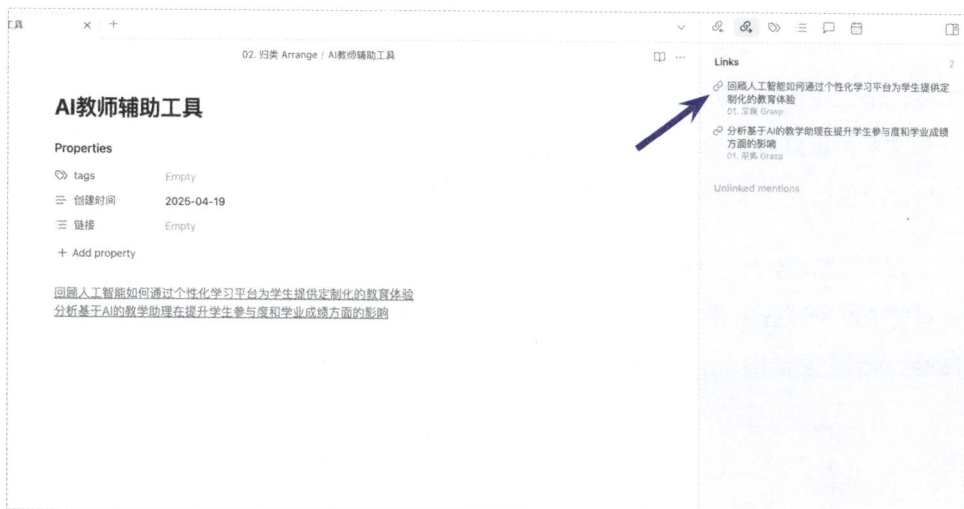

图 5.3.6

但这样查看起来不方便，无法对自动生成的笔记链接调整顺序、排版，所以我一般会再处理一下这个归类笔记。

把对应的采集笔记用添加双链的方法，手动放到归类笔记的笔记记录区域，这样采集笔记怎么排序，位置怎么摆放，都由我自己控制。如果采集笔记之间有一些小的方向区别，也能用标题的方式快速进行分割，如图 5.3.7 所示。

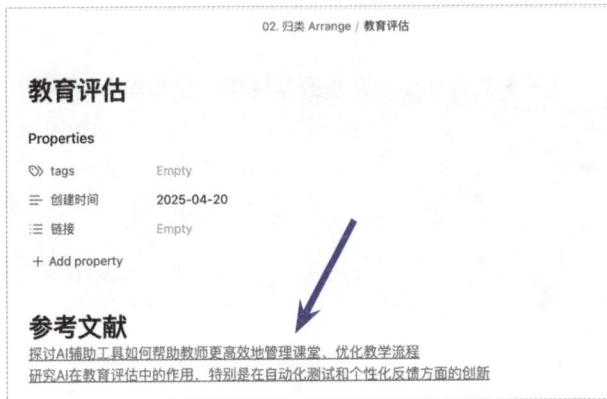

图 5.3.7

经过排版之后，归类笔记看起来更清晰，也更方便进行后续内容的处理。

第三种情况：如果这条采集笔记与你正在撰写或计划撰写的某个表达笔记密切相关，那么可以跳过归类环节，直接将其关联到表达笔记。比如，你正在写一篇公众号文章，正好看到一段资料很契合要表达的内容，可以立刻将其放入表达笔记。这样做不仅提升了采集效率，还避免了重复分类的成本。

在这个阶段，AI 工具也是一个非常有用的助手。可以使用 AI 工具帮助判断当前笔记可能关联到哪些主题。比如，我们使用 Copilot 插件，在该插件的右上角，Relevent Notes 区域会显示出这个笔记和哪些笔记有关联，定位起来更方便，如图 5.3.8 所示。

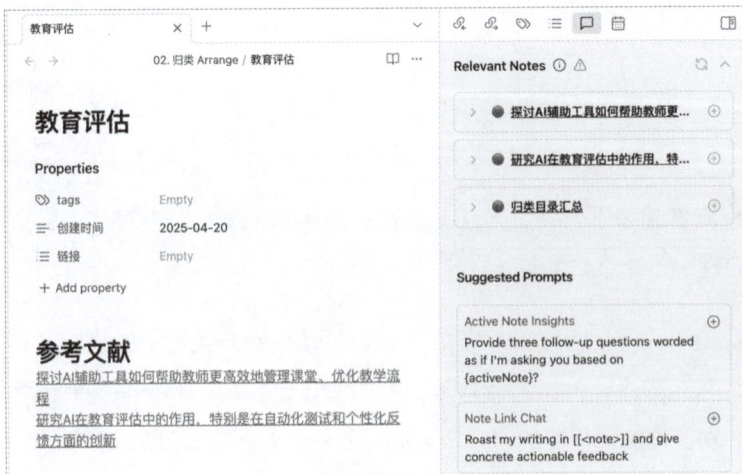

图 5.3.8

虽然目前 AI 识别相似内容的功能还不够强大，但我相信随着大模型的进步，AI 工具的识别功能会越来越强大，这样就能更好地利用所有笔记了。

通过这样的方法把未整理的采集笔记进行梳理，让它们关联到相关的归类笔记中。接下来就可以整理一下归类笔记了。

3. 整理归类笔记

完成了上面的整理步骤，接下来要做两件事。

第一件是拆分归类笔记。如果归类笔记中累积了很多内容，查看的时候就不太方便，这时就要拆分归类笔记。介绍卢曼的卡片盒笔记法时也提到过，在进行笔记整理时，他会要求自己把所有内容写在卡片的一面，这样在找卡片内容的时候不需要翻面。我们在做任何笔记的时候都可以遵守这个规则。

归类笔记本来就是某个主题的汇总，如果内容太多且有几个子方向越来越清晰时，就应该果断地把它拆成多个更聚焦的小笔记。比如，"AI 教育"如果逐渐扩展出"AI 课程评估""AI 个性化学习""AI 辅助教学"三个方向，就可以用模板新建三个归类笔记，把对应的内容从老笔记粘贴到新笔记中。

第二件是准备产出。如果某个归类笔记下的内容已经足够成熟、结构也很清晰，那么就可以用模板新建一个表达笔记，准备进入内容创作阶段。在新建表达笔记的时候，先给它定好标题、列出大纲、做好基础工作，日后再把表达的内容完善好。具体的表达工作流程在下一节中进行介绍。

这样我们就完成了知识归类的整个流程，不仅整理了所有未整理的采集笔记，还丰富了归类笔记。如果归类笔记的内容够多了，那么可以新建小主题的归类笔记，或者直接生成新的表达笔记，做好产出准备。

4. 小技巧：让归类更高效的两个方法

为了更方便地管理和调用这些归类笔记，下面这两个实用技巧可以大大提升效率。

技巧 1：制作主题目录页面

当你创建的归类笔记越来越多时，哪怕分类足够清晰，也难免记不清放了哪些主题。这时可以专门做一个"主题目录页面"，把所有的归类笔记以列表或分组的形式整理在一起，并附上每个主题的简单说明。这就像是为你的知识库建立了"总导航页"，无论是查找旧资料还是做内容策划，都会更快更轻松，如图 5.3.9 所示。

图 5.3.9

我自己也用这个方法管理所有的归类笔记，查找起来非常方便。

技巧 2：用 Bookmark 收藏重要页面

在日常阅读和整理时，我们经常发现有一些特别重要的归类笔记或者表达笔记，比如正在筹备的新项目、正在写的提案或者构思中的课程脚本。为了快速回访这些"高频使用笔记"，可以单独把这些笔记收藏起来。

收藏应该是所有笔记软件都有的功能，如果你用的是 Obsidian，单击软件右上角的"三个点"按钮，选择"收藏"选项就可以了，如图 5.3.10 所示。

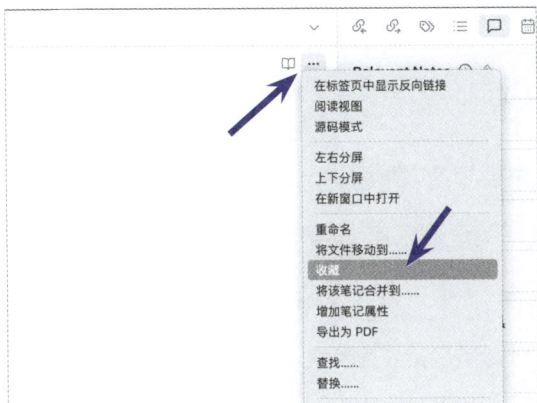

图 5.3.10

有一个专门的区域存储收藏起来的笔记。在 Obsidian 中，默认存储的图标在软件的左上角位置，你可以把这个图标拉到任何地方，如图 5.3.11 所示。

图 5.3.11

单击图标之后就可以看到所有已经添加到收藏中的页面了。我习惯把归类笔记、表达笔记的目录页添加到收藏中，也会放一些最近正在全力攻克的笔记。

这样一来，每次打开 Obsidian，一眼就能看到目前的重点项目，不会被海量笔记淹没，也能让注意力始终聚焦在最关键的工作内容上。

通过这两个动作，相信你的归类汇总操作执行起来会十分顺畅。在下一节中，我们将进入知识管理工作流的最后一步——表达。在这部分我们一起来说说如何基于已经整理好的归类笔记，快速构建、组织并完成高质量的输出。

本节总结

- 归类的主要流程分为以下三步：

  - 定期整理未处理的采集笔记。

  - 将采集笔记关联到已有归类笔记或新建归类笔记，甚至直接关联到表达笔记。

  - 必要时拆分归类笔记主题或为产出新建表达笔记。

- 用技巧提升整理效率：

  - 创建目录页面，为所有归类笔记建立"总导航"。
  - 利用 Bookmark 收藏区，随时快速访问重要笔记或项目。

第四节　产出工作流，快速完成写作与输出

在整个知识管理工作流中，表达产出不仅仅是最后一步，其实也是驱动前面所有步骤的核心动力。没有表达的欲望和需求，收集知识、整理汇总就没有支撑力，无法形成正向循环，知识库就无法真正积累起来。换句话说，表达就像知识管理的原动力：它不仅把碎片信息重新整合成系统化的成果，也让我们通过输出进一步加深理解，甚至产生新的问题和新的采集目标，从而形成正向循环。

这也正是为什么很多顶尖学习者都强调"表达是最好的学习方式"。以物理学家理查德·费曼为例，他的"费曼学习法"主张用最简单的语言解释所学内容，一旦你能把复杂的概念讲清楚，那说明你真的掌握了它。可见，表达不仅是输出，更是检验、深化和优化输入的最有效途径。

具体来说，什么内容可以进入表达笔记？其实我们在第四章第三节已经详细讲

过：表达笔记和归类笔记的区别在于，归类笔记更像是"主题集合"或"素材聚合"，而表达笔记则是围绕一个明确的表达目标展开的产出单元，比如一篇文章、一段视频、一份报告。表达笔记不是纯粹的归档，而是准备好走向产出的"半成品"或"成品"。

在这一节我们来具体拆解快速表达产出的工作流，分为以下四个主要操作，如图 5.4.1 所示。

| 有表达欲望
创建表达笔记 | → | 完成表达笔记撰写 | → | 整理表达笔记
汇入知识库 | → | 发表表达笔记 |

图 5.4.1

第一步：有表达欲望，创建表达笔记：不管是要解决的问题、想表达的观点，还是必须完成的任务，只要你明确了这个目标，就可以新建一个表达笔记。

第二步：完成表达笔记撰写：这里会用到左右分屏查找素材、AI 辅助写作等高效工具。

第三步：整理表达笔记，汇入知识库：整理后的表达笔记要修改好状态、链接到相关归类笔记，并准备好以便日后循环利用。

第四步：发表表达笔记（可选）：如果你希望让更多人看到自己的表达，可以选择合适的平台进行发布，比如公众号、博客或小红书。

为了保证这一流程的顺利进行，我们需要为表达笔记准备一个模板，这个模板和归类笔记类似，应该包含以下必备字段。

- 创建时间：记录表达笔记的起始时间，方便回顾与版本管理。
- 链接：标注与哪些归类笔记或采集笔记相关联，确保信息闭环。
- 笔记状态：比如"刚开始""进展中""已完成"，明确笔记的当前进度，方便提取。

表达模板如图 5.4.2 所示。

接下来，我们就从第一步开始，详细拆解如何快速而高效地进行知识表达产出。

图 5.4.2

1. 准备好表达欲，创建表达笔记

快速表达产出的第一步，其实并不是坐在电脑前随便打开一个文档开始写作，而是先意识到：我有要表达的东西了。这可能是一个早就埋藏在脑海里的主题，也可能是在整理采集笔记、归类笔记的过程中突然迸发出的灵感。

这里还是要强调一下，所谓"表达"并不是专指去写小红书笔记、公众号文章或者拍一条视频。表达也包括日常的工作产出，比如项目提案、工作总结、学术论文，甚至一封认真打磨的邮件。只要是需要整理信息、表达观点、传达内容的，都是广义上的"表达"。

明确这一点后，我们要做的第一步就是：用模板创建一个表达笔记。

新建表达笔记的方法有很多，你当然可以打开 Obsidian 或者任何笔记软件，选好模板再创建，但这样步骤比较多，有些烦琐。

我用苹果手机比较多，所以我的快速记录方法就是用快捷指令，把想到的内容快速投送到软件中进行记录，这个方法和记录采集笔记类似。如果你使用的不是苹果手机用不了快捷指令，那么选择能够在手机主页直接录入信息的笔记软件就好，很多手机自带的备忘录都能很方便地进行记录，或者还能用微信把笔记直接发给自己，只要是顺手的方法都可以。这样快速记录下来自己想要表达的内容之后，再用模板创建正式的表达笔记。

用模板创建表达笔记的时候，别忘了选择这个表达笔记的状态标签，是"刚开始"还是"进展中"。设置好之后，才能用 Dataview 快速找出自己正在创作的内容。

使用下面这段代码就可以根据笔记状态进行提取：

````
```dataview
table
WHERE contains(file.tags，"刚开始") OR contains(file.tags，"进展中")
```
````

操作结果如图 5.4.3 所示。

图 5.4.3

这样，表达笔记就成了整个表达产出的"起点"，它既能帮我们锁定目标，又能提醒我们哪些内容已经准备好了、哪些还需要继续打磨，为后续的撰写工作奠定良好的基础。

2. 完成表达

建立好表达笔记后，我们进入真正的产出环节：把想法和材料变成一篇文章、一段脚本、一个提案，或者其他具体内容。

当我们想要表达的时候，在知识库中肯定已经有了很多相关的采集笔记、归类笔记，所以可以先把知识采集、知识归类的操作做完，把相关的内容关联到对应的表达笔记中，这样在表达时就能看到很多相关的内容，有了参考资料再进行表达会更游刃有余。

除了在表达之前做好知识采集和归类外，还有两个小技巧需要了解。

技巧 1：左右分屏

虽然分屏这个技巧听起来相当朴素，但确实能够在很大程度上提高生产效率，一个窗口专心写作，另外一个窗口可以看关联的笔记，或者是联网查资料，减少来回切换的时间，非常方便。

Obsidian 中有一个锁定笔记的功能，界面如图 5.4.4 所示。我会用这个功能把正在写的表达笔记锁定，这样笔记在切换的过程中不容易跑丢。

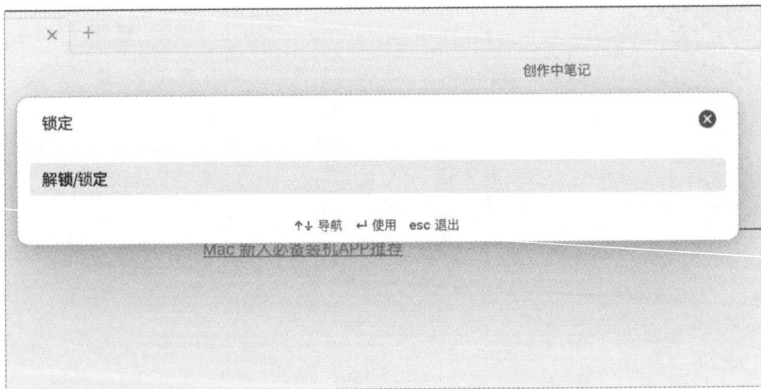

图 5.4.4

技巧 2：AI 工具辅助写作

这可能是现在每个人都知道的快速产出的方法，还有很多 AI 课程教你怎么写内容，这里我就不多说了。无论是在 Obsidian 中配置好 Copilot 插件，还是用网页版的 DeepSeek，都可以。这里唯一需要注意的是，因为我们已经在前期做了很多准备工作，收集了很多笔记，可以直接把这些素材提供给 AI 工具，让 AI 工具根据我们的大纲去重新整理这些资料就行了。

所有的网页版 AI 工具都有上传文档的地方，比如单击 DeepSeek 界面中的回形针图标（见图 5.4.5），在这里直接上传仓库中准备好的采集笔记或者归类笔记就可以了。

图 5.4.5

当然如果是用 Copilot 等内置的 AI 插件就更方便了，图 5.4.6 所示的就是一个很常见的用法。

图 5.4.6

在表达笔记中写大纲，在 AI 插件的问答框中写要求，在要求的部分关联上我们已经准备好的笔记链接，就能让 AI 插件帮忙生成内容了。

除此之外，写好的内容还能让 AI 工具帮忙生成标题、提炼重点、写摘要、转换形式变成小红书笔记、翻译成英文等，玩法非常多。

不过，我觉得产出阶段最常见、也是最危险的问题，其实并不是缺工具，而是工具太多，容易分心。

因为写东西真的需要很高的专注力，如何保持注意力集中，是我一直在努力克服的难题。

这里分享三个亲测有效的小技巧。

技巧 1：启动仪式

在开始写作之前，给自己设定一个固定的"小仪式"，比如泡一杯咖啡、整理好桌面、戴上降噪耳机。这些动作能帮助大脑进入专注状态，形成心理暗示：我要进入工作时间了。

技巧 2：数字戒断

在产出期间，主动远离一切干扰源。可以把手机放在看不到的地方、关闭社交媒体的网页。这一步对保持深度专注非常关键。

技巧 3：番茄时钟法

这也是很经典的注意力集中法。用 25 分钟全力工作 + 5 分钟休息的循环节奏，提高专注力的持续时间，还能避免长时间工作带来的疲劳感。

在完成表达的过程中，不要苛求完美，先把内容写出来，后续修改和打磨的机会还有很多。关键是先跨出第一步，把零散的想法汇聚成一篇初稿。

3. 整理笔记

完成写作之后，我们可以先松一口气："终于搞定了！"但还没结束。要想让这个千辛万苦生下来的"宝宝"能够长期发光发热，为后续的表达再次做出贡献的话，还需要做最后一个整理动作，把表达笔记融入你的知识网络中。

要想达到这样的效果，最重要的就是把表达笔记和知识库中已有的归类笔记链接起来。表达笔记本质上是多个归类笔记、采集笔记的终极"集合"和"升华"，所以这篇表达笔记，应该可以和某个或某几个归类笔记建立链接。

比如我完成了一篇关于"2025 年 Obsidian 插件推荐"的文章，那么这个表达笔记就应该和"Obsidian 插件"这个归类笔记相互链接。将来如果我又要写一篇"Obsidian 的 20 个必备插件推荐"，那么我不仅可以在归类笔记中看到原始的采集笔记，还能直接用自己已经产出过的内容，再次加工，使之形成新的内容。

添加完关联，还要记得把状态标签改成"已完成"，如图 5.4.7 所示。

图 5.4.7

做好状态的分类，我们才能在知识库中容易地找到自己正在努力完成的表达笔记。具体的 Dataview 代码在这一节最开始讲过，直接使用就可以提取没有完成的表达笔记，保证正在处理的信息不会被埋没在一堆杂乱的内容中。

完成这两个动作，基本上就完成了表达笔记的整理工作，不需要把写完的笔记移动到专门的已完成文件夹中，因为在这个工作流中，表达笔记本身就属于 Present 文件夹（产出区），只要更新状态、建立好链接，笔记就已经归位了。没必要为了"整理强迫症"再额外做文件挪动。

整理表达笔记，其实就是在为未来的复用做准备，我们写下的每一篇内容，都不应该是"一次性"的，而是应该让其成为知识库中能被反复引用、积累、升级的资产。

4. 公开表达

整理好的表达笔记在知识库中已经完成闭环，但如果想要更进一步地让自己的声音被更多人听见，那么可以试试公开表达，将这些内容推送到更大的舞台。

为什么要公开表达？公开表达是获取外部正反馈的重要方式。它不仅能帮我们检验自己的理解和表达是否清晰，还能吸引志同道合的朋友，慢慢累积起自己的影响力。哪怕一开始只是发布到一个小小的角落，长期坚持下去，都可能带来意想不到的结果。

我最初就是抱着分享的心态在网上分享学习韩语经验的，怎么也没想到后来有机会出版关于知识管理方面的书。所以我推荐你试试公开分享，因为只要分享，就一定会在不远的将来收获共振。

觉得发布好麻烦？如果你是因为觉得排版麻烦而不想发布的话，有一个好消息，那就是现在有很多将 Markdown 格式的文件自动转换为适合公众号、知乎等平台的内容的插件，操作非常简单。比如 mdnice，它能让你把写好的 Markdown 格式的文字，快速变成公众号和知乎支持的格式。

另外，还有平台后端的编辑器，本来就支持 Markdown 格式的文字，比如少数派就提供 Markdown 编辑器，我们直接复制粘贴在 Obsidian 中写的内容到相应平台就行了。

如果说完成表达笔记能让我们感受到知识管理的快乐，那么发表出来让更多人看到，就能让知识管理带来更多其他的收获，友谊、满足、自信、金钱，都会随之而来，所以让自己的内容走出去，绝对是让自己持续进行知识管理的强大动力。

5. 小技巧

最后再允许我分享一个小技巧，能够加快你表达的整个过程。和做归类笔记一样，要想快速找到那么多笔记是很不容易的，所以我建议你针对所有的表达笔记做一个目录页，做法和做归类笔记的目录类似。

另外，就是好好使用收藏功能，可参考前面的介绍。

本节总结

- 表达流程分四步：

  - 有表达需求时，立即新建表达笔记。
  - 使用分屏、AI 等工具高效完成内容撰写。
  - 修改状态、建立链接、融入知识网络。
  - 将表达笔记发布到合适的平台，获取外部反馈（可选）。

- 模板设计要包含以下两项信息：

  - 创建时间。
  - 笔记状态信息。

输出不是终点，而是知识积累与再生的起点。

第五节　工作流可视化，用白板看清整个知识地图

在前面几节里，我们已经逐步打通了整个知识管理的工作流：从有目的地采集到精细化归类，再到高效表达产出，环环相扣，让我们的知识库真正运转起来了。然而，当我们回到笔记软件的主界面时，会发现一个普遍的问题——这些笔记依然是列表状、线性排列的，很难一眼看出整体情况。

人类的大脑天生更擅长处理图像信息而非纯文本，大脑处理图像的速度本来就比处理文字更快。警察在分析案件的时候，也会把所有材料平铺到一个白板上，再在这些材料之间添加上联系，用这样直观的方式更快搞清楚整个案件的逻辑和任务关系。

在数字时代之前，我们整理笔记时会把各种信息，像纸条、便利贴、资料，平铺在桌上，分成小堆，一眼就能看出"哪部分做完了、哪部分卡住了"。但是在数

字笔记工具中，这种天然的空间感消失了，只能一条一条地翻看文件列表、标签列表、搜索结果，工作流的"全貌"变得模糊了。

那么，我们能不能在电脑或者手机中也打造出"桌面式"的可视化效果，让知识管理的全局状态像看思维导图一样一目了然呢？答案当然是肯定的，所以在这一节中，我会带你用 Obsidian 的 Dataview 和 Canvas 插件，把笔记按照状态提取出来，并用画板形式平铺展示。这样你就能快速看清：目前有哪些项目正在推进，还有哪些任务卡住没完成，以及哪些笔记可以直接进入产出阶段。用画板来可视化工作流，让你的工作流真正"活"起来。

想要实现这个效果，只需做三件事：标记好所有笔记的状态，创建目录笔记并且用 Dataview 提取对应状态的笔记，最后是放到 Canvas 白板上。

别急，我们一件事一件事地做。

1. 给所有笔记标记好状态

要想快速提取出当前需要展示的笔记，最关键的一步是：确保你的笔记都已经带有明确的状态标签，否则任何软件都会一脸茫然，因为你没有给它足够的基础信息去分类。

如果你按照前几节分享的工作流程来管理笔记，那么应该设置好了自己的所有模板，给采集笔记带上了是否整理过的标签，给归类笔记和表达笔记带上了是否完成的标签。

如果你还没有养成给笔记打上状态标签的习惯，那么可以给自己的笔记加上这个记录维度了。

2. 新建目录笔记，并配置好 Dataview 插件

给笔记打好标签之后，需要新建一个目录笔记，并且在这个目录笔记中用 Dataview 插件来提取同一种状态的笔记。前面已经详细讲过 Dataview 的用法，这里按照前面介绍的方法创建笔记，然后输入代码，就能做好目录笔记页面了。

提取未整理的采集笔记可使用下面这段代码：

```dataview
table
WHERE contains(file.tags, "未整理")
```

要整理采集笔记的时候，就看这个列表，完成整理之后再把笔记的状态改成"已完成"。显示出的未整理的笔记的页面如图 5.5.1 所示。

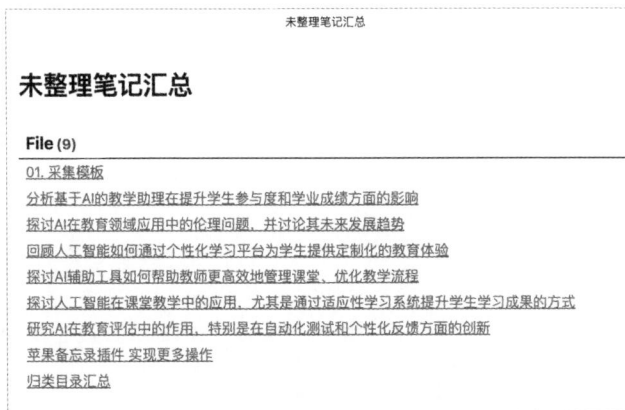

图 5.5.1

提取未完成的归类笔记、表达笔记可使用下面这段代码：

```dataview
table
WHERE contains(file.tags, "刚开始") OR contains(file.tags, "进展中")
```

这样就能快速找到正在建设中的归类笔记、表达笔记了，如图 5.5.2 所示。

图 5.5.2

创建好这三个目录笔记后，我们能很快按照状态找到没有处理的采集笔记、归类笔记、表达笔记。

3. 安装好 Canvas 插件，将笔记列表放上去

最后一步，是将这些目录笔记整合到 Canvas（画板）插件中。Canvas 是 Obsidian 中的核心插件，默认应该在你的 Obsidian 的左侧菜单栏中，单击"四个方块"的图标就能使用，如图 5.5.3 所示。

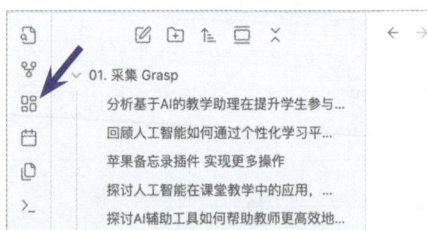

图 5.5.3

如果 Obsidian 的侧边栏没有这个插件的图标，可到设置界面中找到该插件，打开"白板"功能就可以了，设置界面如图 5.5.4 所示。

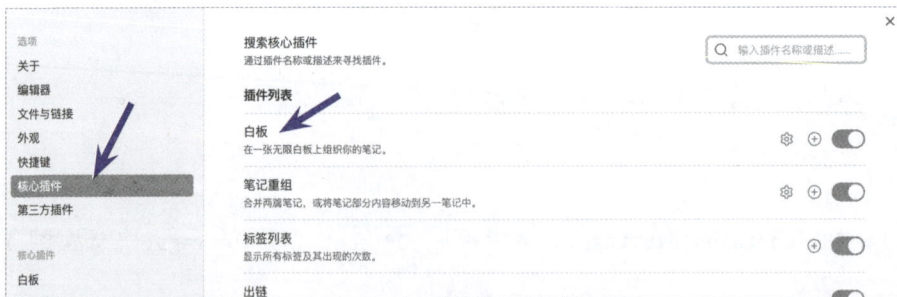

图 5.5.4

打开这个功能后，单击侧边栏中的插件图标，可直接生成一个白板，如图 5.5.5 所示。

这个白板就像我们的桌子，现在只需要把筛选好状态的笔记列表放上去就行了。

单击页面最下方的"添加笔记"按钮，如图 5.5.6 所示，就能将搜索出的笔记放上去了。

图 5.5.5

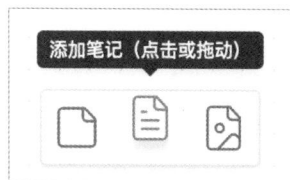

图 5.5.6

把刚才建立的那些按状态提取笔记的目录页面都放上去，然后可以拖动边框调整大小，让这些页面具有比较舒适的位置和大小。这样，所有的正在处理的笔记就会被平铺在一个平面中展示，看起来比列表形式方便多了，如图 5.5.7 所示。

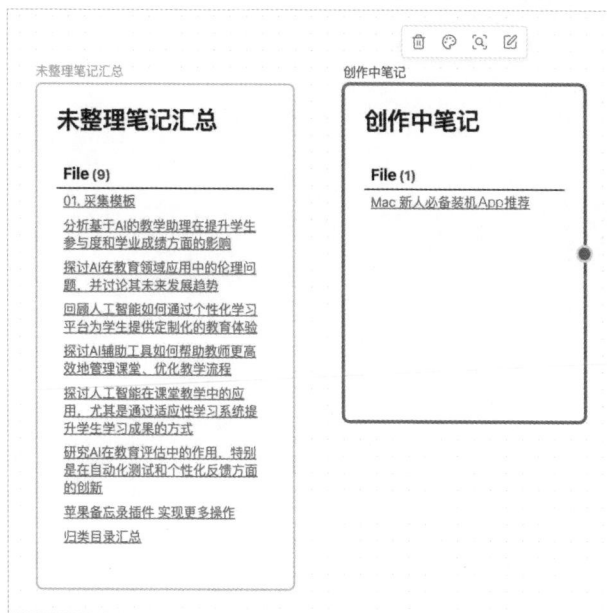

图 5.5.7

这些目录页面中所有的链接都是可以单击跳转的。在白板中点开任何一个未整理的笔记，把这个笔记和相关的归类笔记和表达笔记链接上后，别忘了把状态修改成"已整理"，这个笔记就会自动从未整理笔记汇总中消失。

4. 更多用法延伸

白板除了可以用来做工作流的可视化之外，还有很多其他的用途，比如管理自己正在看和看过的图书。

这里用相同的方法，我给读书笔记添加了状态，分成了"想读"和"读完了"两种类型，并排展示在了白板上，搭配图片看起来十分美丽，如图 5.5.8 所示。

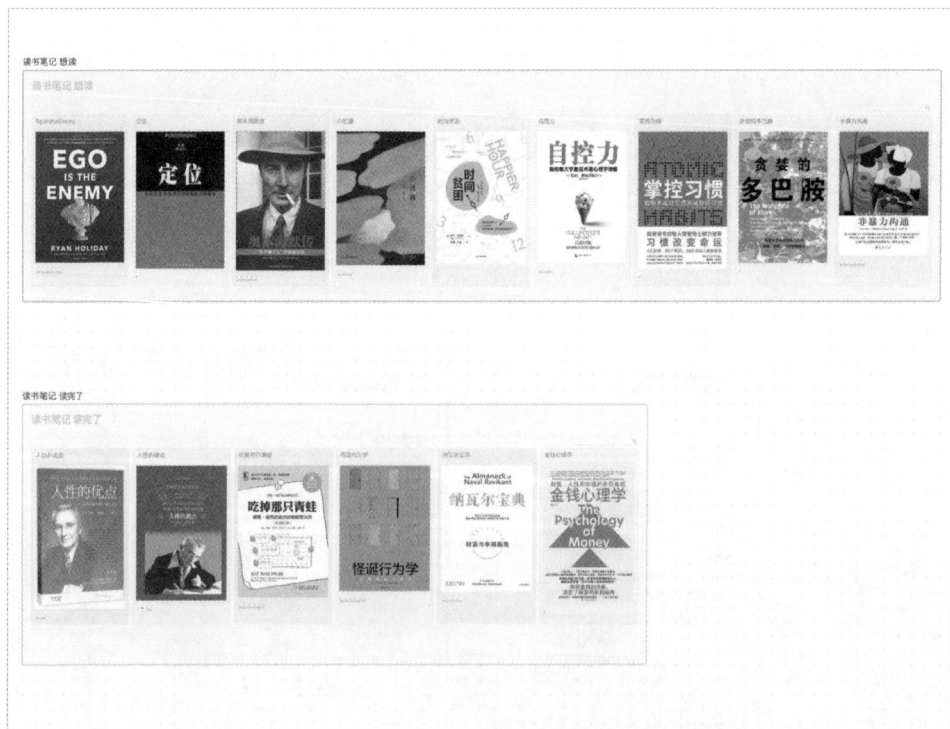

图 5.5.8

既然可以做读书管理，那么肯定也可以做观影记录，效果如图 5.5.9 所示。

图 5.5.9

5. 常见问题

（1）可以用 Canvas 插件做思维导图吗？

白板并不是传统的思维导图，更接近传统思维导图的方法是安装第三方插件，比如 Enhancing Mindmap，在插件市场中有很多种选择。

（2）信息多了会不会卡顿？

一个白板上确实不建议放太多信息，特别是有图片的内容要尽量减少。如果加载变慢了，及时把一个白板拆分成两个白板，这样使用会更顺畅。

本节总结

- 人类更擅长图像化信息，对视觉化、空间化的信息有更强的感知和整体把握力。
- 设置好笔记状态是可视化的前提。

- 使用 Dataview 插件动态提取出符合不同条件的笔记列表。
- 使用 Canvas 插件最终实现工作流可视化。

信息可视化，让知识库从"看不见的迷宫"变成"一眼可见的地图"。

本章总结　完善操作流，让知识真正流动起来

恭喜你走到这里！如果你已经读完了本章，那就意味着，你不仅掌握了 Obsidian 的用法、理解了 GAP 三层笔记法的搭建逻辑，更进一步地，成功理顺了自己的知识管理工作流。你现在已经具备了将日常信息流转化为可用知识的全流程能力。

在这一章中，我们围绕采集、整理、表达三大环节，细致拆解了各个步骤的操作要点、模板设计和实战案例。你学到的不只是如何收集资料、如何归档笔记、如何搭建产出目标，更重要的是学会了一套能持续迭代、自动优化的动态系统，让你的知识库真正活起来，成为稳定产出的引擎。

现在你的知识整理流程已经全面打通，技术与方法都准备完备。接下来，考验的将不再是"如何整理"或"如何管理"，而是一个更根本、更重要的问题：在这套高效系统里，你到底想记录什么？你想表达什么？你愿意让哪些内容真正进入你的人生、成为你智识积累的一部分？

在 AI 时代，到底什么样的知识才值得被累积？哪些信息才能真正为你的成长、实现梦想和价值提供独特支撑？这些问题可能只有在无数次记录和思考之后，才能得到切实的答案。

后记
AI 时代，我们到底应该积累什么知识

当你翻到这里时，我们已经一起走完了一段不算短的旅程。你学会了搭建自己的数字化知识库，理顺了知识管理的全流程，也看到了如何用 AI 和各种工具把零散的信息转化为有序的知识、再转化为自己的独特产出。

你可能会想这个方法和流程会不会过时，是不是几年之后就不能用了？答案恰恰相反，把知识记录在小卡片上，再根据相关性重新组织，最后完成自己的表达和产出——这种"输入→关联→表达"的逻辑，跨越了整整几个世纪，从来没有改变过。

- 瑞士博物学家、医生、语言学家康拉德·格斯纳，靠着在小卡片上记录信息、分类和整理，开创了知识管理的先河。

- 英国发明家托马斯·哈里森发明了世界上最早的文件柜和索引系统，为文献管理提供了工具化基础。

- 瑞典生物学家卡尔·林奈用这套方法系统地分类了无数植物和动物物种，促进了双名法的开发，至今仍是生物学的基础原则。

- 历史学家查尔斯 - 维克多·朗卢瓦和查尔斯·塞尼奥博斯建议每个历史学家都用单独的卡片或者纸片记笔记。

- 社会学家卢曼用这个方法，构建起一个惊人的跨学科知识网络，编写了 70 本书、400 多篇论文。

这些人用的方法，和你在本书里学到的方法是完全相同的，就是收集、关联、产出。

本书只是用 Obsidian 和 AI 工具，给这套古老的方法注入了高科技。工具变了，但核心思想和逻辑并没有改变。想做好任何事，不能只有工具和方法。真正成就这些大师的，不只是这个好方法，而是他们有想要研究的问题，有想要表达的观点，有想要打磨的作品。

知识库和工作流，都是为"表达自己"服务的。你必须先找到自己想要表达什么，这个系统才会真正运转起来。只有当你投入到自己关心的课题中时，系统才能给你提供支持、带来反馈，形成滚动的正向循环。

反之，如果你只是为了搭系统而搭系统，最后往往会陷入收集癖、完美主义、拖延症，知识库只是看起来很美，真正的产出寥寥无几。

我之所以会研究知识管理，是因为发现很多人买了数码产品却用不好，只使用了其中 1% 的功能。我想分享内容，帮助大家更好地使用数码产品，为了能讲清楚、讲透彻，我必须先学习、打磨、整理。秉持着这样的想法，我才慢慢走上了持续输出、持续积累的正向循环，最后形成了今天你在书里看到的这些积累。

到了 AI 时代，ChatGPT、Midjourney、DeepSeek 这样的工具，把大家的知识下限拉平，你随时可以生成摘要、列出大纲、写出一篇合格的科普文章。真正拉开差距的，不再是谁掌握了多少知识，而是谁敢于去体验生活，去尝试新事物，去发现自己愿意长期投入、不断学习、持续表达的领域。

我相信，AI 让工具门槛降低了，但也让我们更需要面对自己：你想表达什么？你为谁而学习？你要用这些知识去做什么？谁能发现自己真正感兴趣的事物，愿意为它持续学习、持续表达，就能获得加倍的回报。所以，多去体验生活，多去尝试不同的兴趣，找到你愿意长期探索的主题。因为最终，这个世界需要的，不只是更高效的知识管理者，而是更有灵魂的表达者。

最后，用一句话画下本书的句点——工具可以装满你的仓库，但只有表达，才能点燃它。

唐可儿奇遇记

TWINKLE'S ENCHANTMENT

唐可儿梦游仙境

【美】莱曼·弗兰克·鲍姆 著

【美】梅金尼尔·恩赖特 绘

易晓燕 译　　晓 华 + Emma 朗读

中国国际广播出版社

图书在版编目（CIP）数据

唐可儿梦游仙境：汉英对照/（美）莱曼·弗兰克·鲍姆著；易晓燕译.
北京：中国国际广播出版社，2016.11
（唐可儿奇遇记）
ISBN 978-7-5078-3900-5

Ⅰ.①唐…　Ⅱ.①莱…②易…　Ⅲ.①英语－儿童读物　Ⅳ.①H319.4

中国版本图书馆CIP数据核字（2016）第241518号

唐可儿奇遇记：唐可儿梦游仙境

著　者	[美]莱曼·弗兰克·鲍姆	
译　者	易晓燕	
责任编辑	李芬芳　李　卉	
版式设计	国广设计室	
责任校对	徐秀英	

出版发行　中国国际广播出版社 ［010-83139469　010-83139489（传真）］
社　址　北京市西城区天宁寺前街2号北院A座一层
　　　　　邮编：100055
网　址　www.chirp.com.cn
经　销　新华书店
印　刷　北京艺堂印刷有限公司

开　本　650×950　1/16
字　数　80千字
印　张　7
版　次　2016年11月 北京第一版
印　次　2016年11月 第一次印刷
定　价　42.00元（含mp3光盘）